What Is War For?
© Jack McDonald 2023
First published in Great Britain in 2023 by Bristol University Press, University of Bristol
The simplified Chinese translation rights arranged through Rightol Media
（本书简体中文版权经由锐拓传媒取得 Email:copyright@rightol.com）

WHAT IS IT FOR?
时代的发问

战争
有什么用？

［英］杰克·麦克唐纳　著
林庆新　刘松闻　译

生活·讀書·新知 三联书店

Simplified Chinese Copyright © 2025 by SDX Joint Publishing Company.
All Rights Reserved.
本作品简体中文版权由生活·读书·新知三联书店所有。
未经许可,不得翻印。

图书在版编目(CIP)数据

战争有什么用? / (英)杰克·麦克唐纳
(Jack McDonald)著;林庆新,刘松闻译. -- 北京:
生活·读书·新知三联书店, 2025.9. -- (时代的发问).
ISBN 978-7-108-08130-8

Ⅰ.E0
中国国家版本馆 CIP 数据核字第 2025WZ7754 号

责任编辑	丁立松
装帧设计	赵　欣
责任校对	陈　格
责任印制	卢　岳
出版发行	生活·讀書·新知 三联书店
	(北京市东城区美术馆东街 22 号 100010)
网　　址	www.sdxjpc.com
经　　销	新华书店
印　　刷	宝蕾元仁浩(天津)印刷有限公司
版　　次	2025 年 9 月北京第 1 版
	2025 年 9 月北京第 1 次印刷
开　　本	787 毫米 × 965 毫米　1/32　印张 5.25
字　　数	78 千字
印　　数	0,001-4,000 册
定　　价	45.00 元

(印装查询:01064002715;邮购查询:01084010542)

"时代的发问"
编者序

现状已然破碎。世界正深陷于一系列可能威胁我们生存的挑战之中。其中一些挑战可能关系到人类的生存。如果我们相信世界可以有所不同,如果我们希望世界变得更好,那么现在正是时候去质疑我们行为背后的目的,以及那些以我们之名所采取的行动的意义。

这便是"时代的发问"这套系列丛书的出发点——一场大胆的探索,深入剖析塑造我们世界的核心要素,从历史、战争到动物权利与网络安全。本系列穿透纷繁喧嚣,揭示这些议题的真正影响、它们的实际作用及其重要性。

摒弃常见的激烈争论与两极分化,本系列提供了新颖且前瞻性的见解。顶尖专家们提出了开创性的观点,并指明了实现真正变革的前进方向,敦促我们共同构想一个更加光明的未来。每一本书都深入探讨了各自主题的历史与功能,揭示这些主题在社会中的角色,并着重指出如何使其变得更好。

丛书主编:乔治·米勒

此书献给我挚爱的希瑟、格雷森和卢西恩

目 录

1 当代世界的战争 /1

2 战争：理论与实践 /7
战争的定义 … 8
战争的制度 … 13
什么才算战争？为什么战争的
　概念很重要？ … 18
战略与防御 … 23
理念、不确定性、推测：
　为什么国家会发动战争？ … 28
武力的使用 … 34
内战与国内冲突 … 41

3 变化中的战争环境与特征 /49
战争的模式与战争特征的变化 … 50
战争环境的变化 … 54
国际秩序 … 60
国际规范 … 65
技术与军事变革 … 70

信息时代的战争	75
技术与军事力量	79

4 战争中的问题 /85

战争的连续性	87
合法性、权力与战争	92
操纵冲突的门槛标准	96
技术与合法杀戮	103
杀戮的追责问题	106
大国竞争	111

5 战争的未来 /117

我们能消灭战争吗？	118
国家间的竞争与合作	123
冲突预防、维和行动与和平建设	128
联盟	133
气候变化	136
军备控制	139
改变规则	143

6 结 论 /147

注 释 /151
拓展阅读 /159
致 谢 /161

1
当代世界的战争

战争和战争行为造成的死亡和破坏贯穿了整个人类历史。从史前的定居点袭击到第二次世界大战的工业化屠杀,再到当今精确制导武器的选择性杀戮,战争的形式多种多样。战争同时摧毁人、财产和环境,我们通常无法将战争的影响限制在武装参与者之内。这种死亡、毁灭及破坏升级的潜力解释了为何战争前景给政治领导人和平民百姓带来巨大的心理压力。

战争具有政治目的,因为在某些情况下,军事力量对国家或武装团体的领导人具有政治效用。19世纪的普鲁士士兵和军事理论家卡尔·冯·克劳塞维茨(Carl von Clausewitz)将战争定义为"通过施加暴力来迫使对手屈从于自身意志的行为"[1]。从相似政治集团之间高度仪式化的对抗到不同群体间试图消灭对方的毫不留情的屠杀，历史上存在过不同程度的战争。[2]克劳塞维茨将战争比作决斗，尽管规模更大，但这反映了战争本质上是对抗性的：战争中必定存在一个威胁能造成有形伤害的对手。战争同时也具有战略性。因为政府无法最终决定或控制对手的行动。鉴于战争通常涉及不止两个交战方，本书将战争定义为"两个或多个阵营之间为政治目的而使用有组织武装力量的行为"，强调社会群体有组织的暴力是定义战争的必要标准。

当今战争的特点在于统一性和多样性之间的矛盾关系。一方面，当代战争发生在一个比以往任何时候都更加统一的国际体系中。这个体系由主权领土国家组成，这些国家彼此承认，互相提供合法性，是国际政治中的主要政治单位。它们还共享一套规则——国际法，这为规范战争和战争行为提供了全球标准。另一方面，当代战争比以往任何时候都更加多样化：多个国家与诸如"伊斯兰国"（ISIS）等跨国叛乱组织作战，而这些叛乱组织充分利用了互联网的优势。战争使用的技术多种多样，从基本的火器到携带卫星制导导弹的隐形战斗机，应有尽有。利用谋杀、恐吓和饥荒达到战略效果的旧式战争方式，与利用精确武器来最大程度减少对平民伤害的西方战争方式并存。在许多情况下，西方战争方式主张使用远程操控的无人机来消除对自身战斗人员造成伤害的可能性。

非国家武装团体

"非国家武装团体"是指在国际政治中构成军事威胁且不属于正式国家武装力量的诸多社会团体。这些团体规模大小不一，既有小型民兵组织，也有能够进行复杂军事行动的有组织武装部队。非国家武装团体这一称谓就表明了它们在国际体系中缺乏常规的合法性。然而，许多非国家武装团体要么寻求建立一个新的国家（属于分离主义运动），要么试图夺取一个国家的政权（属于叛乱分子和起义者）。一些非国家武装团体有效地管理着它们所控制的地区，而另一些则缺乏这样的权威和能力。非国家武装团体的重要性在于，尽管它们在国家眼中可能缺乏正式的认可和合法性，但它们能够实施有组织的暴乱，因此各国必须认真对待。非国家武装团体之间也常常发生冲突，它们还会与发生内战的国家结成联盟。

交战各方的政治和战略目标并不能完全解释战争的实际影响。我们至少还需要考虑交战各方的属性——无论是国家还是非国家武装团体——以及它们的社会暴动能力和政治精英、军事领导人对部队施加的约束力。正是由于最后这个原因，交战双方的关系在一定程度上决定了冲突的激烈程度和范围。内战中，社会被两个或多个交战派系撕裂，通常都很残酷，因为社会被种族和宗教界限撕扯。但与此同时，内战也为松散武装团体的兴盛创造了条件。

当代战争在范围和影响方面差异巨大。例如，2020年的第二次纳卡战争①中，亚美尼亚和阿塞拜疆之间的冲突导致超过5000名军人死亡。[3]相比之下，埃塞俄比亚北部的"提格雷冲突"（2020年至今）已经导致多达50万人死亡（大部分是平民），死因主要是战斗伤亡、饥饿以及缺乏医疗。[4]再如2022年开始的俄乌冲突，截至目前已产生560万乌克兰难民，另外还有710万人流离失所。[5]

当代战争在参战者和作战方式上也有很大差

---

① 2020年9月27日～11月9日亚美尼亚与阿塞拜疆爆发的为期44天的军事冲突。——本书页下注为译者注，原书注释在书末。

异。长期的低强度冲突——如萨赫勒地区①的多个持续冲突——与叙利亚、利比亚或缅甸等地的毁灭性内战并存。战争手段和方法的多样性造就了当代战争的多样性。在伊拉克和叙利亚境内针对"伊斯兰国"的联合战争中，当地的地面部队和世界上最先进的空中力量联合起来共同打击跨国叛乱。一些冲突是国家之间直接交战，另一些武装冲突则通过代理人来进行。

那么，如何理解我们共同生活的世界中发生的战争呢？本书将讨论战争在当代世界中的作用，特别是关注战争为什么对许多政府和非国家武装团体仍然有用。尽管国际法对战争进行了约束，但在国际争端和内部冲突中仍然存在诉诸武力的潜在可能性，而有时这种潜在可能性会变成现实。鉴于战争的破坏性后果，即使是威胁发动战争，也可以成为有用的谈判筹码。对寻求控制权或建立新政权的叛乱分子和起义者来说，军事力量可

---

① 位于非洲北部撒哈拉沙漠和中部苏丹草原地区之间，东西横跨超3800公里，域内涉及塞内加尔、毛里塔尼亚、马里、布基纳法索、尼日尔、尼日利亚、乍得、苏丹共和国、南苏丹共和国和厄立特里亚等国家，该区域各国饱受恐怖主义与武装暴力侵害。

能被视为实现其政治目标的唯一途径。

国家往往难以向其公民和其他国家解释使用军事力量的原因及合法性,这是因为战争的发生方式通常与大众对战争的认知相去甚远,这种认知是由20世纪导致数千万人死亡的工业化战争塑造的。我认为,还有一个原因是战争中的实际作战方式和国际政治中战争的框架与规范之间存在差距。战争参与者可以根据战略目的利用这一差距来对付那些守规矩的对手。理解这种差异是如何产生、为什么产生的,以及如何应对这一问题,是理解战争运作方式及其当今用途的关键。

本书试图解释:我们是怎样及为何步入一个通过全球制度来规范战争的世界的?战争实践和战争制度之间的差异为什么会引发问题?这些差异如何以及为什么被用来谋求政治或战略利益?理解了这些,就可能解释下面的现象:尽管人们试图压制战争,尽管战争在国际政治中引发了无数问题,并且教会我们未来如何避免更多的战争,或至少减少它造成的伤害,为何战争仍然在不断上演?也就是说,战争到底有什么用?

2

战争：理论与实践

当今世界的战争种类繁多，战争使用的武器也是有史以来种类最多的。既有偶尔发生的大规模国家间战争，也有内战、混乱的秘密冲突以及高度不对称的军事行动，如特种部队突袭、无人机打击和导弹袭击。同时，当代战争也存在一些共性。构成国际体系的国家在许多方面存在差异，但它们大多数在本质上是相同的，每个国家都是拥有边界、政府和法律的主权领土实体。此外，拥有武装力量的国家通常以相对标准化的模式组织陆海空三军，表面上遵循国际法这一全球规则体系。相比之下，非国家武装团体则可能存在显著差异。有些是武装民兵，有些是更大政治运动的一部分，归文职领导层管辖。

本章将介绍战争在理论和实践中的运作方式。今天，国家和非国家武装团体使用军事力量的方式和原因受到国际法的影响，而且有时严格遵守国际法。然而，国家和其敌对方使用军事力量的方式往往与国际法的目的和标准有很大出入。这是因为战争本质上是一种政治和战略现象，国际法等国际制度可以对其产生影响，但最终无法阻止战争发生。

战争的定义

定义战争需要确定它包含什么，不包含什么。战争是一种暴力形式，但并非所有暴力形式都被视为战争。第一，战争是一种政治性的特殊暴力形式。即使只有社会的一部分人参与或策动战争，战争也可以构成对一个政治共同体的生存威胁。战争的实际后果也可能很小，但战争的影响在理论上可以无限大——战争可能导致国家的灭亡（即社会政治自治的丧失或瓦解），尽管现在这种情况较为少见。[1]第二，尽管混乱和无序一直是冲突的特征，但战争的组织和计划需要整个社会的协调。招兵、训练、军事装备、物资供应的效率，是战争胜败的关键。第三，当一方发出使用武力的威胁或实际使用武力，并得到对方的武力回击时，战争才算发生。单方面的暴力和镇压是战争重要的一面，但从概念上讲，至少要在对手进行了武装抵抗时，战争才算开始。第四，尽管战争的许多行为在和平时期被视为违反社会规范，但在战争期间，它们会被（至少是发动战争的一方）视为合法活动。第五，战争通常与日常生活——和平时期——区分开来，尽管两者的区分标准在历史上并不保持一致。第六，战争一般都会获得社会的认可，虽然诉诸战争的理由会随着时代的发展而发生变化。在某些时代、某些地方，战争是统治者平乱的合理手段，而在今天，战争至少理论上仅在自卫时才可以接受。

在社会层面，战争不仅仅关乎战斗本身，更关乎这种暴力为什么被参与者、其所处社会以及敌对双方视为战争行为。这一点至关重要，因为随着时间的推移，人们对什么是合法战争行为的认知会发生改变。使用武力的合法性还取决于交战双方之间的关系。这是因为战争过程和经历会使社会对战争中暴力使用的合理界限重新进行设定。这便引发了一个问题，即历史上曾被纳入战争范畴的某些暴力形式,现在却被排除在外。现在人们普遍将战争理解为一种公共暴力形式,由政治领导人发动和指挥,表面上,他们代表了社会集团或群体的利益,但在历史上,为了个人利益而发动的私人战争在欧洲也屡见不鲜。[2]因此,我们面临的问题是不同时期对战争的不同认识。所以,寻找一个包括历史上所有战争类型的定义对我们今天准确理解战争并无裨益。

暴力界限带来的第二个问题是:它们常常会排除那些可能或应该被归入战争范围的暴力形式,比如种族灭绝(一个族群试图通过物理暴力形式消灭另一个族群),它难道不应该归入战争行为吗?这种暴行既激烈又超出常规,符合所有关于战争的标准,除了没有战场厮杀。从种族灭绝中存在暴力的本质来看,无论是用砍刀、死亡行军还是毒气室杀人,似乎都应该将其视为一种战争。实际上,如果我们回顾战争历史,战争最终导致的种族灭绝很常见。特别是在帝国征服战争中,如18和19世纪沙俄在北高加索与切尔克西亚发动的战争,或是20世纪初德意志帝国在今天的纳米比亚与赫雷罗人和纳马人作战中进行的种族灭绝。攻击平民,无论是否合法,在历史上都很常见，至今仍然如此。不把所有种族灭绝行为都视为战争的一个原因是，一些种族灭绝行动是单方面进行的。这并不是说，战争不存在单方面的暴力。恰恰相反，军事突袭、围攻和屠杀平民在历史上一直存在。但是，对缺乏防御能力的平民实施单方面暴力行动与可能引发反击的突袭，或可能导致战斗发生的围攻，在性质上是有区别的。因此，我们只在种族灭绝与战争同时发生，或成为战争的结果、战争的政治目标时，才把这类种族灭绝纳入战争范围之内。

战争这个标签让暴力合法化，虽然什么是合法的暴力形式会随时间的变化而改变。然而，战争状态（武装双方之间的公开敌对状态）与战争行为的核心——某种形式的实际战斗或作战（战争）之间是有区别的。这就是法学家约拉姆·丁斯坦（Yoram Dinstein）所说的技术层面的战争与物质层面的战争之间的区别。虽然国际法将战争定义为一种法律状态，可以在没有战斗的情况下存在，但丁斯坦指出"没有战争行为就没有物质层面的战争"[3]。在历史上，无论何时发现导致战斗和战略性使用军事力量的有组织暴力，我们都可以客观地将其描述为战争，但那些参与这种战斗的人可能不会将这种行为贴上战争标签，或将其视为战争。欧洲的帝国经常将镇压殖民地的军事行动（有时被轻描淡写地称为"小战争"）和国家与国家之间的军事冲突区分开来，尽管两者都同样导致了战斗和杀戮。而如今，我们说反人类罪或种族灭绝"不是战争"，则是因为国家通过一系列条约区分了合法的暴力形式（战争中有规则的杀戮）和非法的暴力形式（种族灭绝、反人类罪）。

重要的是，许多国家发动的战争并没有被视为战争，这是因为它们只有在认为对手是合法实体（通常是其他国家）时才会使用战争这个术语。19世纪的欧洲国家之间作战时遵守当时的战争法，这一法律要求为伤员或被俘人员提供治疗，并以此起到限制战争严重程度的作用。而这种保护和限制则极少给予国内的叛乱者，或是帝国征服的殖民地对象。

今天，这种差异至少在理论上已然被抹去。单一的法律体系，即国际人道主义法，旨在规范所有战争行为，而不仅限于国家选择承认的战争。然而，国际法和国际人道主义法在当代世界对有组织的武装暴力有自己特定的定义和解释方式。

因此，如果想了解战争的运作方式，我们还需要理解国际政治中，战争的制度化观念。

战争的制度

战争是一种反映了参与方社会价值观的政治现象。这就带来了一个关键问题，即战争的概念是否具有一个能够超越特定战争的社会或文化背景的不变的本质。克劳塞维茨区分了两类不同的战争：一类能保持战争性质不变，另一类则能依据情境变化而改变战争性质。尽管这一观点饱受攻击，因为很多人认为战争的本质随着其所处社会和社会系统的变化而变化[4]，但是战争仍有一些恒常和反复出现的特征，如武装战斗，以及本章前文界定的其他特征。

然而，战争同时也是一种社会制度。"制度"是塑造社会和政治互动的"相对持久的规则和实践的集合"[5]。从这种意义上讲，战争不仅仅是一系列与有组织暴力相关的行为实践，更是与行为规范相关联的实践。这些行为规范的范围从战争权（宪法安排，规定政治领导人何时、为何以及如何以国家名义授权使用军事力量）到塑造特定国家武装部队的专业价值观和法律，等等。因此，战争制度也是个体理解和解释其行动的一种方式。[6]从社会层面看，我们可以将一系列暴力互动解释为战争，因为这一现象在社会中已制度化。

战争的重要性在于它也是一项国际制度，植根于国家之间共享的信念和实践。这一点很重要，因为国际制度塑造了国家与国际体系中其他实体的互动方式。通过提升国际互动的可预测性，制度使国际体系中的合作成为可能，从而促成了稳定的全球贸易网络等复杂现象。战争领域则通常根据共同习惯或法律的形式，区分可接受和不可接受的战争类型。当两个社会没有这样的制度与共识时，它们之间的战争可能会演变为更加残酷的形式。

那么，如何将社会价值和文化概念与一个社会发动战争的方式联系起来呢？历史学家韦恩·E.李（Wayne E. Lee）认为，我们需要了解一个社会的文化价值观，其产生军事力量的能力，以及领导人的政治目标。[7]本质上，我们有必要同时考虑战争的实践层面和战争观念在特定文化中的定义和植入方式。一个社会理解或评价战争的方式会随着时间的推移而改变。人们发现，战争该如何进行的共同社会观念常常与军事行动的现实或其致命后果不符。大规模死亡和破坏的冲击可能会改变一个社会（或其军队）对战争的感知和评价。[8]

在过往的时代，不同国际体系同时发展出指导各自体系成员之间战争的一套标准，这些标准常常不适用于该体系之外的成员。不同的战争规则往往体现了不同文化会对战争中常见的实际问题给出独特的答案，而这些答案超越了特定的情境。例如，在陆战中，通常会涉及如何处理战俘的问题；在海战中，则涉及如何对待那些被击沉的敌方船只的幸存者。某些社会认为善待战俘很重要；而在另一些社会中，战俘可能会被当场杀害。

不过，当今的国际法提供了一套全球性的规则和原则来规范战争。国际法本身就是一种制度，而且可能是当代国际秩序最重要的特征。国际法的现代结构起源于欧洲，并随着19和20世纪欧洲诸帝国不断扩张，以及殖民潮退去过程中新创立的国家逐渐采纳这一制度，国际法现已覆盖全球。尽管各个国家对国际法的看法不尽相同，但它已经成为国际政治中的主导制度。一套覆盖全球的调节国家之间战争和军事力量使用的制度化观念的出现,在人类历史上没有先例,是全新的事物。虽然各国在国际法本身的具体限制或条约的解释上往往存在分歧,但它们都承认国际法的存在及其在国际关系中的核心地位。

> **国际法**
>
> 国际法是管理国际关系的法律体系。它源于各个国家的外交实践,并帮助国家在国际事务中展开合作。国际法涵盖国际政治的许多不同领域,如战争和国际贸易。它为界定主权国家的权利提供了一套规则和原则,指导主权国家如何对待彼此。国际法与国内法律体系的区别在于,国际体系缺乏能够强制实施国际法的单一主权实体。联合国安全理事会可以在某些情况下授权对国家采取行动,国际法院也具有对国际法不同领域的司法管辖权。但这些机构追究国家责任的能力取决于涉事国家的实力。国际法管理并限制使用或诉诸武力的行为(诉诸战争权)。重要的是,国家拥有固有的自卫权和集体自卫权,但除此之外,它们有义务不对彼此构成威胁或使用武力。国际法还规范了战争和武装冲突(战时法)。这一特定的国际法领域现在通常被称为武装冲突法或国际人道主义法。它主要规定了战争行为,给战

> 争中的暴力使用设定了界限,包括与战俘护理相关的规定。它还定义了国家在军事行动中限制对平民和受保护对象(如宗教或文化场所)造成伤害的责任。

因此,世界上存在一种对战争以及战争限度非常具体化、制度化的理解,而当代战争的形态就是这样塑造出来的。在本书中,我将战争制度视为国际制度中体现战争和军事力量的共同观念。思考战争作为一种制度的重要性在于,联合国有193个成员国[9],每个国家都可能对战争是什么(或不是什么)以及战争中允许做什么有自己的看法。非国家武装团体也可能有自己对战争限度的看法。同时,当前的国际秩序规定只有国家才能合法地发动战争。当代国际法与联合国密不可分,这是因为《联合国宪章》是当今国际法架构的核心。联合国成员国在联合国大会中讨论全球政治,而经过筛选的一些国家则参与联合国安理会的工作,负责维护国际和平与安全。国际条约中的一些法律术语,如自卫,在法律设计阶段本来就含混不清。然而,这些术语对于在全球范围内理解战争的概念、规范战争的行为至关重要。这一制度的强大之处在于,即使某些国家违反了国际法的精神和实际规定，它们仍然可以使用国际法的语言来为自己的行为辩护。然而，这种国家间的系统及其制度受到那些被排除在外的群体的挑战，如分离主义团体、海盗、有组织犯罪团伙等跨国威胁以及"伊斯兰国"这样的叛乱组织。当国家应对这些威胁或其他国家违反国际法规则的行为时，它们往往会发现自己的行为处于法律边界上或已经超出法律边界。无论有时如何被僭越，国际法都在构建国家间的互动。国际人道主义法也为国家提供了一套共同的语言来构建战争的概念，评估战争的进程。

什么才算战争？为什么战争的概念很重要？

战争根据参战的政治实体进行分类。当今的三种主要战争类型包括：两个或多个国家之间的战争；内战，即一个国家在其领土上与非国家武装团体作战；以及有外部国家介入的内战，这种情况混合了前两者。[10]如果我们想了解战争的运作方式，那么了解这些冲突类型很重要，它们能帮助我们理解武装冲突与国际体系之间的关联。

不同类型的冲突也有不同的动态特性。国家

之间的战争和国家与非国家武装团体之间的战争不同,因为国际体系旨在让国家具有合法性并向国家提供支持。冲突的不同类型还体现在国际体系中的战争模式会随时间发生变化。相对而言,国家间战争正在减少,发生频率远低于内战或其国际化变体。然而,国家间战争仍然很重要,这正是大多数拥有实质军事力量的国家时刻准备好要应对的。它也是最有可能升级到极端情况(甚至核战争),并重塑国际秩序的战争类别。

国际法对战争的分类与上述基于政治/战略的分类方式类似,但也存在很大差异。这种差异的重要性在于,战争实践最好用政治和战略术语来定义,但国际法包含了一种特定的武装冲突分类方式。法律意义上的武装冲突概念并不完全等同于战争。国际法中只存在两类武装冲突:国家间的国际性武装冲突和国家与其领土上的非国家武装团体之间的非国际性武装冲突。[11]这使得有外部军事干预的内战在法律上变得十分复杂,因为它表示两种类型的武装冲突同时存在。国际法中,两种武装冲突都需要满足明确的门槛条件才能认定其类型,然后才可以确定国际人道主义法是否适用。这样做的目的是防止国家(或非国家武装团体）在没有国际法规范其行动的情况下发动战争。现实是，虽然建立了一套用于评估战争类型的法律框架，但这一框架却与当代战争的现实并不完全一致。

国际法以相对明确的方式规范国家间的直接冲突。国际性武装冲突存在的门槛条件非常低，如果国家之间开战，它们之间的战争不可能不被视为国际性武装冲突。例如，俄罗斯在2014年派遣军事力量进入克里米亚时，就开始了一场持续到今天的与乌克兰的国际性武装冲突。这里战争的概念与制度之间的区别值得注意：有些人可能认为这两个国家之间发生了两次战争——第一次是2014~2015年，第二次是从2022年开始——但在两次激烈冲突阶段之间，双方每年都有数百人死亡。这一事实意味着俄罗斯与乌克兰之间的国际性武装冲突，无论规模多么小，自2014年以来一直持续。

区分内战和非国际性武装冲突是一个更加困难的问题。这是因为非国际性武装冲突的门槛条件是：两个或更多有组织的团体之间的战斗强度要高于内部骚乱或动荡。但这个门槛是不确定的，因为内部政治动荡比国家间冲突更难以按强度划分等级。首先，在这种情况下，低于此类门槛的内战或内部冲突可能被一些或所有参与者视为战争，但不会根据国际法被视为非国际性武装冲突。其次，在内战发生时，政府出于实际原因经常否认战争或非国际性武装冲突的发生：政府可能更愿意将叛乱集体视为"恐怖分子"而不是反叛者，因为后者享有国际人道主义法的某些保护。处于内战中的政府不承认反叛者的身份，是因为不想赋予对手任何合法地位。

当代武装冲突引发了关于冲突门槛的各种问题，因为国家会根据这种限制调整自己的策略。它们采用了难以明确定义的战争手段和方法，并且以各种方式相互胁迫和使用武力，而这些方式是否在法律意义上引发武装冲突，就有很多不同的解释了。对这一现象的一种解释是，自从出现核武器以来，大国之间通常会避免直接冲突。它们往往通过间接支持世界各地发生内部冲突的国家的政府或非国家武装团体来争夺全球或区域主导地位。鉴于许多胁迫形式侵犯了国家主权，是非法的，这类行动通常都是秘密进行的。然而，在这种情况下，保密往往是相互竞争的国家之间相互勾结串通的结果，因为它们试图阻止这种武装冲突升级为直接对抗。[12]例如，两个核超级大国在更广泛冲突的阴影中秘密相互消耗，就像越南战争期间发生的那样。与好战的政客和公众舆论迫使政治领导人将冲突升级为公开战争相比，这样做还算好得多。当今世界各种类型的国家已非常擅长使用代理人进行战争了，这样可以避免代价高昂且风险很高的直接武装冲突。对于这种公开又秘密的战争，一种制度性解释是：在难以避免违规的情况下，国家并不希望自己的违规操作暴露于大庭广众之下。[13]

在实践中，这意味着即使有国家违反国际法规则，国际法依然限定了国家之间使用武力的方式。国际法的一般性禁令允许不同国家有不同的解释和争议。就使用武力的个别行为是否合法和合规，不同国家可以表明自己的主张并进行反驳。所以说，冲突的分类涉及更广泛的国家间政治，这十分重要。冲突分类问题至关重要，因为它影响着更广泛的国家间政治，各国会就某种武力的使用是否合法和正当提出自己的主张。在这方面，关于武装冲突是否存在的国际争端，是战争过程不可分割的一部分。作为主权实体，国家有权在面对批评时保持沉默——拒绝发表公开声明，拒绝回应批评，拒绝协助调查，或拒绝承认自己的非法行为。近年来一个最引人瞩目的例子是，尽管有证据表明俄罗斯参与了马航MH17客机坠毁事件[①]，但俄罗斯拒绝承认自己负有责任，否则就意味着它承认自己对在乌克兰领土上持续的武装冲突的责任。

战略与防御

国家为战争做准备，是因为在同一个国际系统中的主要竞争国家和非国家武装团体可能对其构成军事威胁。国家对自己的防御负有绝对责任，必须判断在不确定的条件下其他武装是否对其生存、自治权或利益构成威胁。战争准备是必要的，因为国家的军事能力使其能够威慑对手并应对其他国家（和武装团体）可能构成的威胁。因此，军事力量具有多重用途：可以用来胁迫或威慑对手，或在威慑失败的情况下抵御对手的攻击。

---

① 2014年7月17日，从荷兰阿姆斯特丹飞往马来西亚吉隆坡的马航MH17客机在靠近俄罗斯边界的乌克兰东部地区坠毁，机上298人全部遇难。荷兰主导的五国调查团认为，俄罗斯对此事负有责任，俄罗斯则予以否认。

在所有因素中,军事实力最重要。没有可靠的武装力量,很难威慑潜在对手或抵御其攻击,更不用说在战争中阻止对手了。一个国家的军事实力对其通过武力胁迫实现既定目标形成了某种掣肘。小型的高科技专业军队擅长击败另一个国家的军队,但它的规模太小,无法有效占领一个国家。军事实力反映了一个国家升级冲突或战争的能力,限制了它在战争中控制事态升级的能力,以及通过武力实现政治目标的范围。小型的志愿军队缺乏充足的资源和政治意愿,无法迅速扩编,这可能会给对手在战争早期就升级冲突以达到速胜的理由。相反,如果敌对双方都拥有核武器,则容易促使双方将冲突限制在较小范围内,因为相互进行核打击的损失远超潜在的收益。

战略是理解军事威胁在国际政治中的作用和在战争中如何使用军事力量的一种手段。在这两种情况下,政治家和军事领导人面临的问题是如何在给定的环境、资源和对手等条件下实现自己的目标。我们生活在一个资源有限的世界,不同的国家和人民拥有不可调和的矛盾。作为一个概念,战略是决策者将其目标与有限的资源相匹配的方式,即通过选择实现目标的方式和合理使用资源来获得胜利的方法。鉴于在任何战略情境中对手都会谋求竞争性目标，战略的实施可能变得复杂。

克劳塞维茨在《战争论》中讨论的一个核心问题是"战争的升级"——他问道，为什么战争不从一开始就升级到极端状况？战争的升级可能会在政治上起到反作用。当我们认识到敌对双方不仅仅是在作战，还以许多通常看似不兼容的方式互动时，对战争升级施加政治限制就更合理了。通常来说，对手之间有限的合作可以减少冲突带来的代价——例如，抓获俘虏和交换战俘。由于战争具有破坏性，敌对双方总体上都会面临更糟糕的处境，而战争升级通常会加大双方的损失。同时，它们也都默认自身与国际体系中的其他行为体存在长期竞争关系。因此，国家将资源分配到特定战争或升级战争，可能会损害其全面利益，这种考量有其合理性。

在一方不能仅凭武力强行实现自己意志的情况下，它需要进行战略性思考和行动，深入了解对手的目标、动机和实现目标的手段。虽然战争从根本上说是两方对抗（至少需要两方），但敌对双方拥有一系列不同的、相互制约的条件，可能导致各自的胜利或失败。更重要的是，当代战争不可能发生在政治真空之中，故而对手还需要考虑其行动是否会导致其他国家或非国家武装团体的介入。

因此，军事力量是一种攻击、控制和与对手讨价还价的手段。据美国战略家约翰·C. 威利（John C. Wylie）的观察，战争的目的是在一定程度上控制对手，而"战争中的最终决定因素"是军事力量在特定地点和时间的出现。[14] 从战略上讲，使用军事力量控制对手并实现政治目标，必须考虑这些行动将如何影响国际体系中的其他成员国。正如劳伦斯·弗里德曼（Lawrence Freedman）所说，"最有效的战略不仅依赖暴力……而且依赖其结盟的能力"[15]。

结盟是战争中的主要决定因素，因为拥有更多资源和伙伴的一方通常更有优势。即便在只有两方的战争中，双方都有可能拥有实际或潜在的盟友和联盟。构建和维持联盟的能力，同时阻止对手做同样事情的能力，对战争至关重要。这就是为什么对抗国家的反叛者往往处于不利地位：国际体系的规则意味着他们很难与其他国家形成持久联盟，故无法借助其伙伴全方位的军事能力。

尽管如此，叛乱分子通常能从邻国获得补给和庇护，即使这些支持只是延长了冲突时间而已。在国家内部，战争的持续需要政府、军队以及负责维持政府权力的人通力合作。如果这种国内联盟瓦解，战争努力也会功亏一篑。

结盟部分地回答了克劳塞维茨提出的战争升级问题：与盟友关系疏远、反方联盟的形成、打破维持战争的国内共识，这些都可能导致自我毁灭。国家需要建立一个支持己方的联盟，或者要防止反方联盟形成。这很好地解释了为什么国家和非国家武装团体都需要牢记更广泛的国际法和国际秩序规范。如果违反核心规则，如犯下反人类罪或种族灭绝罪，愿意支援该行为体的国家就会很少，同时也给其他国家或武装团体提供了联合起来反对它的理由。历史上，结盟可能不如今天那么重要，但鉴于许多国家向海外投射军事力量的能力不断增强，结盟已成为取胜的关键。

这便引出了一个问题，即管辖战争的国际法以及全球规范的作用。如果对胁迫、侵略或违反战争规则的行为不予惩罚，那么我们可以推测会有更多行为体违反国际规则。就目前而言，在许多冲突中，双方会产生从合作到违反武装冲突法的一系列互动，这在对手之间建立起一种冲突界限方面的共同认知。此外，交战双方遵守国际标准的程度将影响它们是否能从其他国家获得支持。当然，有些战争几乎不存在违反国际法的问题，有些冲突则存在诸多违规行为，还有些则是敌对双方几乎没有任何合作。关键是，我们不应该因为国际法和战争的制度化限制遭到违背，就忽视它们的重要作用。它们之所以重要，是因为它们的存在通过结盟动态和对手间关系塑造了战争的模式。

理念、不确定性、推测：为什么国家会发动战争？

有一种探讨国家为何发动战争的方式是将战争视为谈判失败的结果。当两个国家拥有不可调和的政治目标时，它们通常能找到一个非暴力解决方案。鉴于战争代价极高且结果不可预测，双方达成和平协议或持续对峙，而不是发动进攻，是合理的。因此，大多数危机和对抗并不会演变为战争。[16]

然而，两个国家的政治目标无法调和也可能会升级为军事危机，进而发展成武装冲突。因此，战争可以被视为一系列谈判失败的结果，随着冲突的严重性不断升级，至少有一方愿意为之一战。在理想的情况下，国家能阻止危机的发生。即使战争成为一种可能，国家也会尽量找到缓和冲突的方法。坐下来进行谈判，就解释了使用非战争规模武力的战略合理性。使用武力的能力对政治家还是有用的，因为它能够对竞争对手和敌人发出真实的威胁。施加直接的军事威胁是国家行为的一个重要方面，因为它展示了国家制造伤害和让对手付出代价的能力和意愿。威胁通常是谈判策略的一部分，目的是在不升级为武装冲突的情况下实现国家（或非国家武装团体）的目标。

这种思考方式非常灵活，因为它使我们能够以几乎相同的条件分析1990~1991年海湾战争及2022年俄乌冲突的起因，它们都是在一个政府拒绝了另一个威胁要进行军事干预的国家的要求之后爆发的。在第一种情况下，萨达姆·侯赛因拒绝从科威特撤出伊拉克军队；在第二种情况下，乌克兰拒绝改变其与西方国家进行政治结盟的政策。在这两种情况下，一方提出的要求是另一方无法接受的，伊拉克和乌克兰政府都愿意冒险进入战争，它们没有选择屈从。这类军事干预威胁未被理会而导致的战争，突显了国际政治中认知和错误认知起到的作用。[17]国家可能低估或高估自己的军事能力或对手的军事能力。同样，它们也可能错误估计对手为保护某片领土所愿意付出的牺牲，或错估地球另一端的民众对一场长期、无限制的反叛战役的支持程度。

从谈判的角度看，战争的最终功能是心理上的。双方通过真实可信的威胁、军事力量或战争来彼此沟通，从而改变对方的看法。然而，最值得注意的是，我们要认识到战争本身就是改变谈判地位的一种方式。从这个意义上说，战争是谈判过程中的一个环节。重大的军事胜利或挫败可以对双方更大范围的谈判过程起到扭转性的作用。

然而，我们应该避免仅从理性角度去思考战争这个概念。过去，战争中的革命动机或宗教动机常常对谈判和妥协关闭大门，军事力量的使用也是高度情绪化的。为了争取民众支持战争，政治领导人会拉出文化价值和信仰的大旗，而避开谈判性的语言。职业军队由其成员共享的制度化价值观维系在一起。这些价值观体现在：当个体成员为同志、国家或类似国家这样的抽象概念而做出牺牲时，他们会得到赞扬。[18]因此，使用军事力量可以释放难以遏制的社会力量，尤其是在今天，战争通常需要国家全体公民的支持和参与。

战争因此既是理性的，也是非理性的。克劳塞维茨并不认为两者相互矛盾。相反，他认为这是一种"奇怪的三位一体"：激情、机会和理性谋略的融合。[19]战争可以在这些极端之间摇摆，但每一元素总会保持一定程度的存在。随着战争的加剧，它们变得越来越不可控，因为高涨的情绪会超出人民和领导人的控制范围。这种情况下，政治精英希望达成结束冲突的谈判就会变得更加困难。

这就引出了和谈的问题。大多数战争的结束涉及交战双方的谈判，有时还涉及外部力量的介入。一些战争以对手同意停止战斗（和平协议）而结束。但是，这样的和平协议可能需要外部支持（如维和部队），以确保其得到执行，或者由联合国安理会强制执行（和平协议的执行）。而内战很少以一纸协议来结束。以降低战争强度、为签署持久和平协议创造条件为目标来推动和平进程也很重要。尽管如此，军事行动仍然不可或缺：如果一方被击败，而且其军队已经彻底崩溃，即可默认战争实际上已结束。同样，如果双方都无力继续打下去，它们也可能在未进入正式停战谈判的情况下就缓和了冲突。

在考虑战争如何结束时,重要的是要记住战争发生在国际体系的大背景之下。战争造成的死亡、破坏和混乱通常会迫使国家、国际社会(如联合国安理会、联合国大会及其他联合国机构)以及各种非政府组织寻求迅速结束战争的机会。因此,在通常情况下,冲突的终止往往涉及多个外部行为体的介入。历史上并非所有战争的结束都是如此,但在今天,这种外部介入尤为重要。

其次,国家(和其他政治团体)并非铁板一块,它们包括希望维持权力的政府、追求个人目标的政治精英、对持续武装冲突感到不满的民众等。随着战争成本的增加,和平的愿望也可能随之高涨。从这个意义上讲,战争也可以被视为同时开始的一系列不同想法的竞赛——武装力量能否在民众支持崩溃之前夺取一块领土?战争的惨重代价会不会导致在下次选举中把反战政党推上政坛?……这些并不一定是短期的关切,某些长期冲突也可能由上述关切所主导:美国在九一一事件后对阿富汗的干预旨在建立一个友好、运作良好、相对民主的国家,一个能够在西方国家打击塔利班的政治意愿崩溃之前进行自卫的国家,而塔利班试图阻止这一进程。最后，事实证明，建立一个稳定民主的阿富汗——按照西方设定的条件来实现的话——是一个西方政治意愿所不能承受的长期工程。

这就引出了有关谈判的关键忠告。和战争一样，利益本身并不一定是理性的。一个国家的政治目标是社会过程的产物，最终是社会构建而成的。谈判需要一个共享的社会框架来理解各种互相竞争的利益。国际机构提供了这样的框架，但国家仍然可以以非常不同的方式看待和解释世界。在极端情况下，某些世界观——无论是宗教信仰还是政治意识形态——都不可能与相异的信仰体系调和。这就导致双方无法通过谈判结束冲突。种族灭绝和一个国家试图征服并消灭另一个国家的战争就是如此。

涉及生存的冲突——战争中至少有一方认为自己的生存受到威胁——就很难用谈判的方式进行调和。它们更倾向于打到结束为止，即直到其中一方被消灭，或双方都筋疲力尽，无法继续战斗，而不是通过和谈来结束。尽管如此，这样的冲突很少见。更常见的是冲突的转移，因为冲突本身创造了权力和财富的机会，使一部分卷入冲突的行为者成为军阀。在这些情况下,战争的持续尽管具有破坏性,但对少数参与者可能是有利的。这就引出了战后正义的问题。毕竟,如果那些国家行为体或武装团体在和平后面临失去权力和财富的威胁,甚至可能面临监禁,他们为什么要选择和平呢?

武力的使用

尽管战争涉及有组织的武装暴力,但其本质上是一场国家动用所有能动用的权力和胁迫力量所进行的政治竞争。不管国际法有何种限制,战争是国家间胁迫和谈判行为的延续,在此过程中,国家的动作不仅限于军事行动。部署军事力量——例如调动海军舰队或陆军——本身就是一种信号,甚至是胁迫手段。制裁和经济战争也是如此,旨在扰乱或扼杀对手的经济。[20]

尽管如此,暴力是战争的核心,因为它迫使对方做出反应。如果一个国家想要通过武力吞并邻国的部分领土并且具备这样做的能力和手段,那么邻国恢复其领土完整的唯一方式就是军事防御。在俄罗斯2014年占领克里米亚地区之后,大多数国家拒绝承认该地区为俄罗斯的领土。虽然俄罗斯的行动是非法的,但其目前仍能有效控制该地区。

> **现代战争**
>
> 现代战争的起源是19世纪军队规模的扩大和国家能力的增长。这一时期技术变革相对迅速,产生了一系列从根本上改变战争方式的武器:这些武器的火力使得旧有战术,如步兵以行或列的形式密集列队前进变成了一种自杀。现代战争的标志是联合作战:将一系列专业单位组合使用以达到致命效果。步兵、炮兵、坦克及其他车辆协同作战,常与空军联合,共同定位并摧毁对手。现代战争具有挑战性,因为指挥官必须组织部队在多个领域(陆地、海洋、空中)同时作战。在第二次世界大战时,作战军队中的士兵达数百万人之多,这意味着建立运送军需物资的公路和铁路系统以及工业生产能力成了战争的核心问题。

不同种类的国家间武装冲突,如工业化屠杀和间歇性边境冲突,其强度差异很大。自1945年以来,国家间战争的规模和强度均未达到第一次和第二次世界大战的综合水平。但这并不意味着大规模的国家间战争不存在。1950～1953年的朝鲜战争和持续了整个80年代的两伊战争都展示了大规模国家间战争固有的残酷性。然而，这些都只是表象。因为随着战争强度的升级，战争在本质上变成了经济竞赛，需要经济和社会的调整以维持战争。大规模战争只能通过征兵制维持，这种制度迫使大部分适龄人口（通常是年轻成年男性）参军。传统战争会导致巨大的人员伤亡和装备损失。大多数国家保有的用于对抗与其他国家高强度战争的军事装备相对较少，但现代国家间战争中装备的损失率很高。更重要的是，现代军事装备更加昂贵，生产时间更长，这使得许多先进武器系统的补给变得非常困难。征兵导致大规模社会动荡、经济混乱和相对较低的工业能力（无法快速制造更多装备），这些因素结合在一起，使国家间武装冲突成为风险极高的行为。

因此，在大多数战争中，双方的目标都是有限的。很少有国家间的武装冲突旨在彻底击败对手并结束其政治自主。导致这一现象的原因之一就是核武器的存在，这使得国际体系中主要军事力量之间设定完整战争目标的图谋不攻自破。在核武器发明之前，国际主要竞争对手之间的战争可能导致其中一个被消灭——奥匈帝国就在第一次世界大战的压力下解体,而德国在第二次世界大战后被盟军分割成东西两部分。现在,主要大国之间的任何冲突都面临升级和使用核武器的风险,因此大国有充分的理由避免彼此之间的战争,并且在可能导致核危机的情况下严格限制其战争目标。

因此,当代战争行为的一大特点就是某些战争形式的缺席:我们不再经历激烈的大国战争。因为战争在经济上代价极高,同时由于核危机或相互核攻击的潜在危害极大,各国都会努力避免这种情况发生。由于世界各地的利益网、联盟和安全保障最终都与拥有核武库的国家相连,当代世界的所有主要战争都是在核武器的阴影下进行的。

战争的强度不仅由参与者的政治目标决定,还由他们寻求实现其目标的方式决定。军事指挥官通过部署军事力量追求战争成果,以帮助实现更广泛的政策目标。战略将目标、方式和资源联系成一个整体,即战争的政治目标、实现这些目标的方式,以及实现这些目标的可用资源。战争的失败通常被归咎于这三者之间的错位。这就把战争失败的责任推到如下不同的地方，如武力不足，无法实现不切实际的政治目标；军事行动谋划不足；或缺乏足够的资源来进行战争。这也解释了为什么大规模常规战争很少见：它们往往不适合于实现政治目标，或这样做要冒的风险太大。

重要的是，军事战略强调可以通过多种方式使用军事力量来击败对手。安图里奥·埃切瓦里亚二世（Antulio Echevarria II）通过四个概念解释了这一点："歼灭"，即使用军事力量击败并摧毁对手作战的物理能力，与"消耗"相对；"消耗"是指通过军事力量慢慢耗尽对手继续作战的物理能力。这两者与两个心理学概念相对应："瓦解"，即使用军事力量破坏对手的集体行动和抵抗意志，与"挫败"相对；"挫败"是指使用军事力量消磨对手继续作战的意愿。[21]

无论是摧毁对手的主要战斗力量（"歼灭"），还是通过机动或破坏指挥控制要素来压倒这支力量，使其无法再有效地组织起来（"瓦解"），每一种方法都包含了通往成功的最有效途径。国际人道主义法允许普遍破坏对手的军事力量，但战争中的很多非法破坏则是要从物理上或心理上把对手消耗掉。这是20世纪大规模战争的逻辑——不仅需要考虑如何在战场上击败对手，还需要考虑如何破坏或扰乱对手的经济，并影响民众和精英阶层对停战的看法，以实现有利的和平条款。

国家军队通常配备武器，并开展训练以抗击国家间武装冲突中其他国家的军队。常规战争的事实基础是，专业军队了解彼此之间的相互威胁。这背后是所谓的联合武装战争——整合陆地、海洋和空中协同作战的各种专门力量，以赢得战场上的胜利。[22] 军队的各种不同要素各司其职，发挥其各自的专业功能，这是常态。步兵和骑兵协同作战已有数千年历史。然而，现代军队由大量不同的要素组成，必须将它们组织协调起来，才能协同作战，否则每个单独要素都极易被摧毁。

非国家武装也可以以这种模式参与战役，但它们通常会通过消耗战术来消磨敌对国家，战斗可持续数年甚至数十年。[23] 不过，即使是规模较大的非国家武装力量，仍与大国武装力量存在规模上的差距。但并非总是如此，比如在中国解放战争的最后阶段，中国共产党动员了约200万民兵和90万正规军。在当今世界，只有国家能够以如此规模组织和维持军事力量。[24] 当然，这并不意味着国家无所不能。非国家武装力量仍在全球争夺领土和国家控制权，它们能有效地使用军事力量对抗国家和非国家对手。但就物质条件而言，国家军队通常在数量和火力上超过非国家对手，迫使后者使用恐怖主义或非常规战术作战。

从参与武装冲突、维和到训练伙伴军队以及消除灾害影响，国家军队通常要执行多种任务。实际上，这意味着军事力量通常在不够完美的情况下部署，因为没有国家能为所有突发事件做好准备。因此，在进行高水平的常规战争的同时，国家军事力量还需要承担多种其他角色和任务，并经常执行非战斗性的巡逻。低强度冲突，如反叛乱行动，保持各类不同任务的平衡尤为重要。显然，为此类任务做准备的代价是牺牲针对高端常规战争的部分训练，而且两者的装备需求通常也大不相同。因此，国家及其武装力量须及时了解当前和未来的行动需求，以优化其现有和未来行动的军事能力。

考虑军事能力也是了解军事力量所能达成目标极限的好方法。从实际的角度看，认清国防只是国家及其公务员需要关注和投入资源的众多需要制定政策的领域之一很重要。尽管外交和国防政策的重要性被频繁讨论，但自冷战结束以来，国防预算所占国家支出的比例在全球范围内下降了。[25] 作为世界上最大的军事力量，美国在可动用军事能力的范围和规模上都是无与伦比的，同时也具备将军事力量投射到全球各地的能力。相比之下，非国家武装力量可以操作各种地面系统，但通常无法维护有人驾驶的飞机、直升机、舰艇和潜艇，这样做既困难重重又成本高昂。而对大多数国家而言，要拥有能够保卫其领土和人口的武装力量，同时也要有可能为联合国维和任务派遣武装部队。

内战与国内冲突

目前缅甸、叙利亚和埃塞俄比亚等地区发生的大多数武装冲突都属于内战。全球范围内，国家对抗本国境内的非国家武装集团是最主要的战争类型。内战的原因繁多，种族、宗教、意识形态或这三者的组合，都可能分裂整个社会。对不同共同体的认同方式在大多数情况下并无危害，但当共同体为自身安全担忧时，认同差异往往会形成清晰的分界线。与此同时，随着社群开始沿着种族或宗教分界线来辨别敌友，曾经用来统一不同群体的共同身份往往会失去其重要性。这意味着内战对平民的影响通常最残酷,国家和叛乱集团都可能犯下暴行,因为内战在本质上涉及对国家内部政治秩序的保卫,抑或是重塑。[26]无论哪方获胜,在恢复原有秩序或实施新秩序的过程中,要取得彻底胜利,就无法避免大规模的杀戮。

当今世界的内战,很多都吸引了其他国家军事力量的介入。许多国家已发展出远程作战能力,能够在全球范围内进行或大或小规模的干预,包括介入持续的内战。叙利亚的反政府抗议在2011年演变为内战,土耳其、约旦、以色列等邻国以及美俄等大国的干预,从根本上改变了冲突方式和范围。外部干预,无论是支持政府还是叛军,或是针对极端组织"伊斯兰国"和叙利亚民主军(SDF)[①]等非国家武装团体,都将冲突变成了法律上的"国际化的非国际性武装冲突"。

现在,国际化的内战和没有外部军事干预的内战一样常见,因为在全球化的世界中,国家与次国家团体、国家联盟之间都存在着重要的联系。由于外部势力支持其当地的盟友,且通常拥有雄

---

① 由美国支持的叙利亚反对派军事组织,属库尔德人武装。

厚的经济和军事资源,它们往往加剧了地方冲突,并通过军事装备和资源改变内战双方的力量平衡。这通常又会导致其他国家宁愿冒在区域或全球范围内冲突升级的风险介入内战,以使双方的态势取得平衡。代理人战争——内战各方与外部国家建立长期的"庇护关系"——是当代战争的常见特征,尽管这种关系的背景、形式和目标可能有很大的不同。[27]

因此,当代战争的一个特点就是国家和非国家武装集团之间互相依存。西方国家在追求外交政策目标时往别无选择,只能与当地伙伴合作,而这些伙伴通常依赖外部支持者提供资源、装备和少量专业军队来改变局势。[28]国际干预的最终效果通常是延长可以通过一方的失败或和平协议而结束的内战。由于外部势力很少感受到内战的惨痛后果,它们也不想同意对自己不利的停战协议。

无论是否有外部军事干预,结束内战都很困难。维持国际性武装冲突的成本很高,因此大多数此类冲突很快就会转向和平或悬置。然而,在内战中,双方的和谈困难重重,其中一个原因是冲突为军阀和武装集团创造了经济机遇。在内战期间出现的战争经济通常集中在矿产开采或毒品生产上。这些产业与全球贸易网络相连,能够维系国家和非国家武装集团的生存。这使得控制某些资源(通常是如矿场之类的地点)对参与内战的任何一方都极为重要。由于持续冲突对交战各方来说都可能带来潜在的利益,因而要说服他们停止杀戮(或停止威胁进行杀戮)需要仔细的外交沟通,往往还需要像联合国这样的机构作为担保人或执行者介入,南斯拉夫和塞拉利昂内战即为例子。即便这样,这种贸易与治理之间的关系甚至还会延伸到和平时期,因为前游击队员和民兵在武装冲突结束后会过渡到非法治理者的角色。在像利比里亚这样的地方,这些集团通过提供诸如合同执行和争端解决等服务在国家权力范围之外的地区为贸易和商业活动护航。[29]

军事力量的不平衡通常迫使非国家武装集团采用突袭和非常规战争方式进行作战。[30]由于内部冲突通常涉及人口、领土和资源的控制和管理,这些地方武装用不着去击败或削弱国家的军事力量。在大多数情况下,对抗国家军队对于国家的挑战者来说无异于自杀行为。此外,他们的政治目标仅仅是通过使用军事力量胁迫或治理平民,并不需要向比他们强大的军队发动全面进攻。

在某些情况下,非常规战争在战术层面可能与常规战争无异,但由于使用武力的战略逻辑不同,战争的整体性质也有所不同。这导致此类冲突更加重视突然袭击和偷袭,而不是组织大规模战役,试图直接摧毁国家军事力量。除非他们在军事力量上与国家军队相当,否则非国家武装集团和叛乱分子会潜藏起来。这实际上对国家构成了挑战,因为它首先需要对手,然后才能将其一举击溃。由于一个地区的控制权可能会发生变化,平民通常最好在支持哪一方的问题上两面下注,以避免在另一方接管后遭到报复。

国家在面对非国家武装团体时,不仅需要使用军事力量占领并控制人口密集地区、资源和领土,还必须在这些领土上实施或重新实施国家治理。这往往演变为针对平民人口的武装打压和政治迫害,并对那些被认为是反叛或暴动的同情者进行打击。平民也经常利用这种紧张局势解决私人恩怨,向接管方告发自己的仇人。[31]

因此,内战与国际战争的真正区别在于,内战中使用的暴力往往用于控制人民,而不是为了击败对手。内战实际上是关于一个国家应该如何管理或如何处理其法律管辖范围内人口的对决，也是对人口、领土和资源的争夺。国家和非国家武装集团不仅相互争夺权力，而且还通过劝说和胁迫等多样的手段争夺对国家关键要素的控制。[32] 这种竞争性武装治理的状态就是，为什么像塔利班这样的非国家武装组织在争夺国家控制权时可能会提供司法系统等服务，为什么像哥伦比亚革命武装力量（FARC）①这样的组织总是把眼光盯在矿产资源丰富的地区。

于是，内战的一个鲜明特征便呼之欲出，即频繁地、公开地使用军事力量来胁迫平民。这当然违反了国际人道法。尽管政治学家通常将战争研究与政治压迫研究区分开来，但内战恰恰表明这两者是不可分割的。内战通常也涉及国家内部的种族和（或）政治分裂，这意味着政府和非国家武装集团使用武力来治理人口时，他们也可能将部分人群视为敌人，这就距很多内战期间曾发生的反人类罪和种族灭绝行为只有一步之遥了。

平民在内战中也特别容易成为谈判筹码。国

---

① 成立于1964年，曾经是哥伦比亚境内组织规模最大、装备最完善，战斗力也最佳的游击队，现已解除武装。

家和武装集团利用围困、饥荒或强迫人口迁移等方式作为谈判的工具。这包括控制或影响中立性活动，如冲突区域内由援助组织提供的人道援助。理论上这种援助纯粹出于人道主义的原因，却经常被用作政治工具，因为援助组织必须依赖控制某地区的武装力量来获得进入权限。例如，在叙利亚内战中，尤其是当政府使用围困和饥荒作为武器时，限制叛军地区人道主义援助物资的流动便成为重要工具。我们可以看到，在提格雷战争中，这种援助几乎被完全阻断。由于埃塞俄比亚政府阻止向提格雷叛军地区提供援助，数十万人死于饥荒，还有数百万人面临饥饿的危险。[33]

内战与国家间战争终归有不少共同之处，比许多人想象的要多得多。内战都是为了某些政治目的进行的战争，这种目的可能是自我扩张，可能是试图在国家权力之外开辟自由行动区域。两种类型的战争经常发生重叠，今天很难找到一场没有其他国家或国际组织参与或干预的"纯粹"的内战。即使没有外国军队介入，或没有支持政府或非国家武装集团的外国武器或外国资金的输送，国际体系仍可能通过全球贸易网络和人道主义救援渠道来影响内战进程。

3
变化中的战争环境与特征

当代战争与过往的战争有何不同？本章关注当代战争的发展历程及其与20世纪战争的区别。我们将考察现代战争在获得工业革命带来的社会、技术和行政发展优势后是如何发展演变的，同时也要思考20世纪中叶以来战争方式发生了哪些变化。为此，我将追溯从古至今国际体系（战争背景）以及战争进行方式（战争性质）的长期演变。随后，我将提出六种思考方式，以解答21世纪的战争为何及如何不同于以往时代的战争。

首先，人类社会发生了结构性变化：战争反映了战争参与方的社会样貌。因此，需要重点关注这些社会如何融入单一全球体系以及随之而来的体系变革。其次，各种形式的独立政治组织如何整合为由主权领土国家构成的国际体系也至关重要。前两者则共同影响着第三重变化：出现了一套单一的全球规范，用以管理国际政治和战争。尽管地区差异和基于国家的解释方法依然存在，但所有国家间交往都受到统一的法律体系管辖，这种现象是史无前例的。第四，自工业化现代战争出现以来，技术变革重塑了国家间相互使用武力的能力，军事机构也相应发生了转型。第五，技术变革重塑了国家军队与非国家武装团体之间的相对力量平衡。最后，互联网和数字通信网络的发展改变了全球公众对战争的感知方式，这对战争本身的合法性产生了重要影响。

战争的模式与战争特征的变化

战争和战争方式的变化意味着什么？我们在第一章和第二章中提到的普鲁士战争理论家克劳塞维茨认为，战争具有不变的本质，但战争的动因和方式反映了特定时间、地点的社会和政治背景。按时期划分不同战争和战争行为十分困难，这是因为每一场战争都反映了当时世界的状态，而这种状态又在长期和短期进程中不断变化。长期进程指全球经济和国际秩序的变化,与短期或中期进程不同。1989年冷战迅速结束就是短期进程,而1989年后数十年间国际政治的重组则可以称为中期进程。

为了给庞杂而难以驾驭的战争史带来一些秩序,学者们通常会专注于战争模式和战争性质的变化。战争模式是指在较长时期内占主导地位的军事活动形式,通常要跨越几个世纪,即打响的是什么样的战争,战争由哪类政治实体进行,以及为什么进行战争。[1]战争性质则指在较短时间内的战争方式,通常以年或数十年为单位。

以这种方式追踪战争趋势可以揭示国际体系内部的转变。例如,在18世纪的欧洲,战争主要由君主国发动,战争目标及手段有限,因而通常无法维持大规模常备军。19世纪出现了国家间的大规模战争,许多国家通过民族主义动员起规模更大的军队。然而,这种分类方法的问题在于,它往往过度专注于欧洲历史,而忽视了全球历史中不同的战争模式。这种方法往往也过于关注某一国际体系中的重要成员之间的战争,这可能会产生误导作用。不仅如此,它还会对国家间战争产生偏好。对"大战争"的偏好常常掩盖了"小战争"以及历史上袭击、兼并和军事镇压模式的重要性。美国在北美洲对印第安领土的兼并和征服同美国内战或第二次世界大战一样，都对塑造美国这个国家发挥了重要作用。

但这并不是说国家间战争不重要。毕竟，国家间战争可以通过削弱一个大国永久改变国际体系，两次世界大战对英帝国的影响就是如此。相反，采用更全面的战争模式观可以为跨时空的战争提供更加完整的解释，比如考虑帝国如何同时进行不同的战争，或者非国家战争行为重要性的变化。

在许多方面，当代战争的特征取决于各国如何在19世纪和20世纪初的社会与技术发展的背景下学习如何作战。民族国家和帝国可以依靠庞大的人口数量，用数以百万计的征兵来扩充相对较小的常备军。以火车和机动车为中心的工业运输网络能够迅速动员部队并将他们部署到位。由于步枪、机关枪和线膛炮的出现，火力大大增强，这意味着在19世纪早期可以决定战斗结果的大规模步兵冲锋，变成了无用的自杀式攻击。通信技术的进步，尤其是电报和无线电的出现，允许远离战场的军事参谋部指挥和协调庞大的军事力量。

然而，我们需要认识到，工业时代的战争和当代战争一样多种多样。第一次和第二次世界大战的主要参战强国都是帝国，或是具有成为帝国野心的民族国家。两次战争都包含常规的军队对抗、非常规战争以及两者的结合。两次大战中的国家间战争也与内战、叛乱和帝国兼并交织在一起，最为显著的例子就是"二战"和中国内战前后重叠在一起。20世纪中叶以来，战争模式的变化不是某种时代性的转变，即某种战争形式变得不再重要，而另一种形式开始崭露头角。相反，这种转变主要体现在国家间战争数量减少了，内战增多了，帝国征服和统治的合法性下降了。

下面，我们来讨论战争性质的变化。如果战争模式描述了战争的类型及其发生原因，那么战争性质则指的是不同类型战争的作战方式，涉及多个作战领域、产生军事力量方式以及可用于作战的手段。[2]

对战争性质变化的解释有很多种，主要从社会的发展变化（例如民族国家动员大规模军队的能力）、军事机构的变化以及军事技术和技术手段的变化出发来分析问题。[3]这些变化往往是相互关联的——军事机构的性质反映了其社会背景，反过来又影响军事理论以及武器的研发和使用。[4] 更重要的是，战争作战方式的变化——例如新技术——可以导致不同战争形式的有效性发生变化，从而改变国家使用军事力量的效用。同样，高层次的政治变化——如一个国家接受了民族主义思潮——就可以改变该国形成军事力量的方式以及能够成功进行的战争类型。

战争环境的变化

区分当下与过去的第一种角度就是国际体系的变化。定义国际体系的经济和政治结构为不同社会和群体之间的战争提供了基本环境。国际体系结构中重大的政治和经济变动最终会影响战争的进行。工业革命在19世纪彻底改变了生产方式，给全球经济带来了巨大影响——全球经济中心从亚洲转移到了欧洲。[5] 现代战争的发展依赖于工业革命引发的许多社会和经济变化。现代战争的军事装备——如火炮、坦克、潜艇等——的生产都依赖于19世纪发展起来的工业生产体系。

而在当代，战争的经济环境已经转变为后工业化时代全球经济相互依存的状态，并且全球经济的中心又重新转向了亚洲。这种规模巨大的结构性变动,尽管难以解释众多小规模的选择或发展,但从长远来看,一个社会和国际体系中生产方式和模式的变化,无疑会对战争的进行产生深远影响。在人类历史的大部分时间里,经济发展和变革的速度都极为缓慢。

此外,结构性变化和人类发展则是长期进程,社会间传播及社会内部分配通常都是不平衡的。经济结构构成了人类社会的框架,往往如此普遍以至于看似无形。例如,我们并不会为日常食品大部分来自集约化农业而震惊,尽管这在人类历史上是相对较新的现象。经济结构既定义又塑造了生产模式和经济活动,它们也因此构建了社会间的贸易关系,从而支撑了国际体系。

人类社会的结构性变化也有助于解释战争模式,使得战争性质变得更为清晰。长期进程可以带来显著的政治后果。例如,定居农业的发展是国家形成历史中的重要因素。[6] 从这个意义上说,我们可以将战争史追溯至大约 1.2 万年前的农业革命(这是一个非常长的时间框架),农业革命让人类能够以定居农业为生,使得晚些时候中东地区国家和国家制度的兴起成为可能。然而,这样的划分方式只会将大部分军事史与史前战争区分开来。

从另一角度来看，18世纪英国农业革命中发展出的技术和实践经历不断推广扩散，极大增加了农业产量，意味着更多的人可以从事制造业或服兵役。这是工业革命的一大先兆。工业革命在19世纪渐趋成熟，带来了大量的技术和生产工艺进步，从根本上改变了全球贸易。农业革命与工业革命结合，将欧洲国家的大部分人口从初级生产（农业）转移到制造业，使得越来越多的人可以参与战争——这是19世纪和20世纪军队发展的关键因素——现代战争的规模得以扩大。

现代战争与更早时期的战争在结构上的区别在于化石燃料作为能源得到了利用，推动了制造业发展，促使化学工业、蒸汽运输以及后来的机动车等诸多新产业涌现。在这一背景下，19世纪末出现了第三个重要变化——世界越来越依赖能源的密集使用，即瓦茨拉夫·斯米尔（Vaclav Smil）所说的向高能社会过渡。[7] 蒸汽动力是工业时代的象征之一，但电力、燃气涡轮和汽油发动机的发展预示了发达国家当前的高能耗水平。我们所熟知的许多现代战争装备，如坦克和飞机，都依赖于高能耗发动机，而这些发动机又依赖于全球化的化石燃料供应链。

那么,当代战争的环境与20世纪中叶有何不同?毕竟,我们仍然生活在依赖能源,通过大规模生产的消费品组织起来的社会中。一个区别是,20世纪中后期全球人口的大幅增加。由写作本书时(2022年夏天)的数据估计,到2023年这本书出版的时候,世界上的人口数将超过80亿。考虑到一个世纪前全球人口数不足20亿,而再往前一个世纪的人口数还不到10亿,这一增长令人惊叹。

20世纪的人口激增使得我们今天难以充分理解诸如第二次世界大战这类重大冲突的恐怖规模——那场战争导致了数千万人的死亡,这一数字约占当时全球人口的3%。时至今日,印度和中国两国的总人口已大致等同于1960年全球人口的总和,然而,与之形成鲜明对比的是,现今的武装部队规模却远远小于那个时代。因此,随着时间的推移,直接参与战争的人口比例呈现出持续下降的趋势。

定义当代世界并将其与近代历史相区分的一个关键结构性特征,通常被称为全球化,它标志着全球经济的一体化与相互依存。尽管经济的互联在第一次世界大战前曾达到一个高峰,但在两次世界大战期间却几近崩溃。20世纪后期的全球化（或称再全球化）进程，使得世界上没有哪个国家能够在经济上完全实现自给自足。众多国家已转型为服务型经济，服务业（相较于农业和工业）已成为这些国家占比最大的产业。然而，服务型经济却尤为脆弱，易受冲击。俄乌战争期间的一个显著例证便是，那些支持乌克兰的国家在提供军事装备和其他援助的同时，也不得不继续购买俄罗斯的化石燃料。因此，当代战争的一个显著特点便是其置身于全球金融市场的大环境中。即便是规模相对较小的战争，也可能触发巨大的经济动荡，进而产生全球性的连锁反应。

尽管现代化所带来的福祉并未平等地惠及所有国家及其内部的不同区域，但当代战争的另一个显著不同之处在于，世界整体上变得更加富裕，并拥有了更为先进的医疗服务。人类与死亡的关系相较于过去几代人发生了显著变化。这一点在儿童死亡率上体现得尤为突出：19世纪至20世纪初，五岁以下儿童的死亡率高达30%～40%，而在当今的发达国家，这一比例已降至不足1%。[8]除了那些深陷内战的国家，大规模人类死亡——这一人类历史中的常态——如今已变得极为罕见。

这不仅仅归因于当代战争的烈度通常低于工业时代的冲突；更重要的是，影响死亡人数多少的社会环境因素也已发生了深刻的变化。

最后，人类文明的一个重大结构性变化是向城市生活的转变。在大部分历史中，只有一小部分人类居住在城镇和城市中，大多数人生活在农村社区。到第二次世界大战结束时，欧洲有超过50%的人口居住在城市地区，而如今大多数人都生活在城市，且这一比例预计将在21世纪持续提高。[9]这对战争意味着什么？数千年来，战争对城市造成了毁灭性的影响。在高密度环境中维持生命本来就很困难，因为这种环境依赖复杂的基础设施，而这些基础设施在战争中极易受到破坏或被摧毁。叙利亚的科巴尼和伊拉克的摩苏尔等城市的毁灭和重建提醒我们，战争的长期成本随着时间的推移不断增加。尽管参战人数减少，整体战争强度降低，但战争的长期破坏能力却提高了，因为我们日益依赖脆弱的城市基础设施来维持生命和经济活动。与此同时，城市中心在政治和经济上的重要性也有所增加，意图控制城市中心的战斗意义更加重大。然而，守住这些城市却变得更加困难：许多城市现在已经大到占领军难以管理的地步,而超大城市的数量只会继续增加。

国际秩序

现代战争起源于一个时代,那时欧洲的主权国家(领土型国家)和帝国主导着全球大部分地区。在这两种政治实体中,唯有主权国家得以存续,并成为主要的合法政治实体形式。由于缺乏与主权国家相抗衡的其他主权单位,当代国际体系呈现出一种由领土型国家主导的"一元化"特征。那么,这一体系是如何逐步形成的呢?近代早期的欧洲,国家和帝国在与城邦、邦联等其他政治组织形式的竞争中逐渐占据优势。[10]随着各国在欧洲内部争夺领导地位,它们也开始向外扩张,与欧洲以外的既有贸易网络建立商贸联系。在这一过程中,它们通过地方联盟、武力征服和殖民等手段,在全球范围内扩张领土。欧洲帝国凭借贸易关系和军事力量,有效地将全球各地整合在一起,其影响力遍及所有有人居住的大陆。这一进程在19世纪末的"非洲争夺战"中达到顶峰,欧洲列强对非洲大陆的大片区域提出了领土要求,随后以军事手段征服了非洲的众多地区。

这种扩张带来了两个后果。首先，非欧洲国家和国家体系与欧洲的体系密切接触，迫使前者与之互动，从而将欧洲体系传播到全球。其次，随着时间的推移，这种全球政治一体化也基本上消除了其他国际体系。领土型国家彼此承认对方的合法性，国际政治俨然变为领土型国家之间的政治。结果是，许多非国家形式的组织和社会被纳入了民族国家和帝国的框架之中。[11]

为何主权国家得以留存，而帝国却最终消逝了呢？欧洲帝国的形态各异：有的是欧洲君主制的自然延伸，而有的则是私营企业与主权国家联合的产物。这两种帝国形态均随时间不断演变。19世纪晚期，英国对印度的统治便是英国吸纳东印度公司领土的直接结果。尽管殖民统治的具体实践在全球各地有所不同，但它们无不依赖于武力或以武力威胁为支撑。因此，在遭受20世纪两次世界大战的重创之前，欧洲帝国便已长期承受来自帝国内部民众的反抗与起义。[12]"二战"后，随着去殖民化时代的来临，英国、法国、荷兰和葡萄牙等帝国在民族主义运动与民众反抗的浪潮中迅速瓦解。最终，领土型国家成为国际体系中唯一合法的主权实体。然而，直到20世纪80年代末至90年代初苏联解体,领土型国家才真正确立了其在国际体系中的绝对主导地位。

当代国际体系与以往的国际体系存在诸多差异。首先,它是一个全球性的单一体系,而不是各地区的体系通过长途贸易路线松散地联系起来。其次,尽管在实际运行中各国之间的权力差距依然巨大,但当今国际体系是建立在国家形式上平等的基础上的。最后,当前国际体系中存在一系列在全球范围内履行各种治理职能的政府间组织。这些组织是全球经济和金融一体化的一部分。其中一些机构(如世界银行)可以在提供经济援助时以国家法律或经济政策的结构性变革为条件,对发展中国家施加巨大的影响。

这意味着,当代的战争之所以能够与现代战争区分开来,部分原因在于20世纪中期至今国际秩序的变化。确切的转折点尚存争议,可能是1945年《联合国宪章》带来的正式变革,或是20世纪60年代和70年代去殖民化浪潮的结束,又或是20世纪80年代末和90年代初冷战的终结。但不论这个具体的划分时期是什么,当代国际秩序与20世纪初的国际秩序在根本上是不同的。

为什么在当代战争中这一点至关重要?因为

国际社会体系相对简单，各国对其领土行使主权控制，但这并不能反映许多地方的政治现实。法律主权与现实之间的差异可能相对良性；许多国家有着奇怪的宪法或领土怪癖，或者国内包含着众多与国家关系各异的族群。然而，当前的国际社会体系与以往截然不同，因为各国仍对其可能无力控制的领土保留法律主张。对一个地区或其人口进行治理的权力不再与这样做的法律权威挂钩，这意味着国家崩溃可能会给邻国带来问题，这些邻国可能会受到海盗等跨境安全威胁的影响，国际社会体系的法律架构也会限制它们对这些威胁的应对方式。

国家权力和国家能力之所以重要，是因为以往时代的国家权威范围可以从它们能够抵御外力（无论是直接抵御还是通过附庸国抵御）的角度来描述。现代战争要求国家具备高水平的能力，包括发展国家官僚体系和社会监控能力。在许多国家，这体现为决策权的进一步集中化，以及国家监管对日常生活影响力的增强。在实际操作中，国家规模扩大了，因此需要更多的税收来维持能够实施广泛政治镇压的庞大官僚体系。极端情况下，国家监控体系甚至能够组织起大规模的反人类罪行和种族灭绝行为，其中最为臭名昭著的便是"二战"期间针对犹太人的大屠杀。

如今，弱小或失败的国家仍然保留其法律上的主权。因此，这一体系本身抹去了一种在以前可能会导致战争的政治动态（其他国家在邻国崩溃时意图填补权力真空的行为）。但这也意味着，非常弱小的国家得以存续。它们往往缺乏提供公共服务的能力，并且会在其正式边界内持续与非国家武装团体处于几乎永恒的冲突状态。许多国家还必须应对其当今边界源于帝国主义和去殖民化历史这一现实。这种情况在涉及被国家边界分割并寻求建立自己国家的族群时尤为明显。例如，数千万库尔德人的家乡库尔德地区分布在今天的土耳其、伊朗、伊拉克、叙利亚以及部分高加索地区。

理论上，主权意味着国家有权自主决定其内部事务。然而，跨境民族群体的存在这一政治现实，导致许多看似国内的冲突几乎不可避免地上升到国际层面。各国通常会抵制分离主义运动，并拒绝承认这些群体拥有国家地位的要求，这正是以色列与巴勒斯坦长期冲突的核心矛盾。因此，除非非国家武装团体能够凭借武力控制一个国家的领土，否则其获得独立的希望几乎渺茫。即便武装组织在内战中取得胜利，例如2021年塔利班推翻阿富汗政府，其他国家也可能拒绝承认其为合法的统治者。这也意味着跨国形式的政治动员与现行国际体系之间存在着不可调和的矛盾。"伊斯兰国"因其在伊拉克和叙利亚的所作所为而广受谴责。这一跨国运动的政治纲领——通过武力在全球多国建立伊斯兰国家，并最终将其整合为当代的哈里发国（阿拉伯帝国）——与国际体系的逻辑完全背道而驰。

国际规范

战争形态深受"正义与邪恶"观念的影响，这一观念映射出价值观、制度架构以及敌对双方之间的战略互动。当代战争行为的一个显著特征是，全球范围内存在一套统一的规范框架——国际法，它运用共通的标准来界定和评判战争及其行为。回顾历史，即便交战双方在战场上刀兵相见，关于正义与邪恶的不同传统也能将他们联系在一起。相反，当面对在战争行为规范上缺乏共同价值观或共识的敌人时，战争极易蜕变为无差别的屠杀。

现代战争植根于19世纪的工业革命时期，这一时期也见证了现行国际人道主义法逐步编纂的历程。现代战争遵循着一系列规则体系，例如1899年和1907年两次海牙和平会议上签订的《海牙公约》，这与以往时代的战争形态大不相同。彼时，国家主要致力于规范国家间的战争行为，而对国家内部的叛乱和起义冲突关注较少。直至第二次世界大战之后，国际法才进一步发展成为一套涵盖全球所有国家，包括内战在内的统一规范体系。因此，与过去相比，当今战争及其军事力量运用的合法化与评估过程主要依据一套单一的规则和规范体系，尽管这些规则和规范的具体内涵持续受到各国的争议与挑战。

现代国际法的起源可追溯到欧洲，它最初旨在调和欧洲君主、国家及帝国间的矛盾。这一历史背景至关重要，因为它对国际法的规则结构产生了深远影响。国际法的形成在很大程度上是以欧洲国家为模板，未将其他形式的政治组织（尤其是全球各地的土著社群）纳入考量，且在支持欧洲帝国对全球的殖民统治中扮演了角色。[13] 19世纪至20世纪期间，国际人道主义法的编纂工作反映了各国希望规范彼此之间暴力冲突的意愿，同时也在法律层面排除了对非国家实体的承认与保护。[14] 即便是1949年签订的《关于战时保护平民之日内瓦公约》(简称《日内瓦公约》)，其主要目的在于限制战争中对平民的过度伤害，也尽可能回避了对各帝国殖民冲突的直接监管。[15]

但这并不意味着当前的全球法律秩序完全是由欧洲强加于世界的。尽管当代国际法反映出其源于欧洲的特点，但它并非单纯由西方国家一手造成。国际法的传播伴随着欧洲国际体系的全球化和征服过程。欧洲帝国征服世界的同时，它们自然而然地传播了其理念。殖民地各国在帝国解体后寻求国际社会的承认时，往往也依照国际法的话语来争取欧洲国家承认其为主权实体，并在此之后有意识地开始改变国际法本身。[16] 20世纪，随着国际体系的扩展，在去殖民化过程中获得主权地位的新兴国家也开始塑造国际法。例如，1977年的《日内瓦公约》附加议定书就反映出许多在欧洲帝国崩溃后新成立的国家希望在战争和战争行为的规范方面拥有话语权。一旦去殖民化国家开始接受国际法，国际法便由全球各地的政府共同塑造，而不仅仅是由西方国家主导。

在人类历史的宏大框架中,认为国际关系应以单一方式进行的观念是一种新奇之物。当然,许多文化和制度都认为自身的价值观是普世的。[17]从历史上看,正义战争的传统总是局限于特定地区,即使它们在不同时间和空间处理的是共同问题。在过去,国家间的关系取决于一系列因素,尤其是权力和文化。如果我们能够审视所有这些关系(其中许多已在历史记载中消失),我们会发现它们是多元且多样的,而非统一的。

因此,当代世界的单一性既新奇又相对僵化。国际法和国际人道主义法的普遍性意味着其变化如同冰川移动般缓慢。即使新情况出现,国家也不能随意制定新规则,而在过去这些新情况则可能会催生新的法律、习俗或事实上的共识。当代战争与20世纪早期战争的另一个区别,在于国际人权法的出现,这种法律在理论上同样约束着国家行为。如今,不仅存在关于如何规范战争的普遍规则,这种规则还基于一种共同的认识:所有人都拥有固有的权利和道德价值。

各国在遵守国际法方面远未达成一致。国际法已将许多昔日被视为合法的行为判定为非法。然而,在当代战争中,一些国际法明确禁止的行为仍然屡禁不止。部分军事力量无视国际准则，继续处决已投降的俘虏；有些军队肆意炮轰人口密集的城市区域；平民依然遭受暴力侵害；诸如此类。因此，当战争罪行、危害人类罪和种族灭绝事件仍无法得到有效遏制时，我们有理由质疑这些广泛应用的标准是否真正有效。

关于战争行为合法性（或非法性）的辩论是当代战争的重要组成部分。一些国家采取了法律主义的方法，将律师整合到指挥结构中，以确保军事行动符合其自身的法律标准。对这些国家而言，合法性是军事行动合法化的关键因素。因此，它们的对手有时会利用国际法对其的约束来获得战略优势，这通常被称为"法律战"（lawfare），这给某些国家造成了很大的麻烦。[18]然而，针对"法律战"这一概念的批评者认为，使用"法律战"一词的政府官员和律师经常将对国家权力的正常法律质疑视为"法律战"，从而削弱了法律本身的合法性。[19]批评者还指出，某些国家的军事行动通过操纵法律的范畴和界限以达到自身目的，本质上是在给原本非法的行为披上合法的外衣。

因此，国际法已经渗透到当代战争中，使得关于武力使用和战争行为的法律论证与战争本身密不可分。国际法用一套统一的规范体系来评估战争和战争行为,将所有参与其中的实体(包括非国家武装团体)捆绑在一起。[20]国际法的战略意义至关重要。当某个国家违反国际法时,反对非法行为的联盟更容易出现。当军队犯下战争罪行,由于国际上存在对战争中正义与邪恶的不同理解,这种罪行会带来战略性的后果。国际法或许无法防止战争罪行的发生,但它塑造了各国对这些罪行的反应方式。

技术与军事变革

当代战争在技术变革方面也与20世纪的战争有显著区别。在许多情况下,某些关键元素与过去一脉相承,如使用空中或水下作战力量。但在其他领域,当代战争则与过去产生了显著断层,如太空卫星在军事领域得到运用。[21]虽然1945年摧毁广岛和长崎的原子弹已经具有毁灭性威力,但20世纪50年代初热核武器的问世以及50年代末洲际弹道导弹的出现才真正从根本上改变了大国冲突中的战略决策。

当代战争还依赖采用数字计算机和微处理器

的先进武器系统。计算在战争中一直是重要的一环。军事后勤需要进行计算,火炮或其他远程武器系统的实际使用也需要计算。自古以来,人类就使用各种工具来扩展自身解决复杂数学问题的能力。起初使用算盘,现代战争中则运用计算机系统。这种先进的系统能够进行快速运算,让海军长距离精确火力控制和空中轰炸等复杂军事行动成为可能。然而,早期的计算机体积庞大、操作笨拙且速度缓慢,远不及当今采用电子芯片的数字计算机高效。20世纪中叶的战争与当代战争的主要区别在于战场电子技术的出现——计算机被整合进各类武器系统,从而带来了武器系统精度和精确打击能力的巨大变革,推动了军事力量围绕精确火力进行重组。

　　自第二次世界大战以来,军队不得不适应精确制导武器(如导弹)的出现。制导导弹的发展迫使各国制定有效的使用策略以及反制措施。电子制导系统让反坦克装备和反舰导弹等多种武器都能在更远的射程上发挥比无制导武器更高效的打击效果。为了应对导弹威胁,当代防御系统通常依赖传感器网络和计算机控制的自动防御系统。因此,电子战(利用电磁频谱干扰或破坏传感器系统和计算机网络）成了军事行动的关键部分。

冷战双方的军事思想家在20世纪70年代起就已意识到计算机化武器技术成熟的影响。[22]他们认为，大规模使用相对不精确的火力将被数量更少、能在更远距离上精确打击目标的武器所取代。在1991年的海湾战争中，美国没有选择通过地面持久战逐步削弱对手，而是凭借其技术优势和空中力量促成了联军的压倒性胜利。这一胜利促使美国防务界确信，一场"军事革命"（RMA）正在悄然发生。

军事革命的倡导者认为，未来的战争将依赖于小规模、轻型部队在远距离发射高价值导弹。[23]这一观点在全球防务机构中引发了激烈的辩论，因为这场军事变革正好发生在冷战结束后国防预算普遍削减的时期。现代化军事组织的高杀伤力与国家无法承受国家间战争的高昂军事损失紧密相关。由于许多国家在潜在持久战中缺乏持续的财政支持和足够的军事生产能力，它们的军事力量已变得如同"玻璃大炮"——虽能造成巨大破坏，但自身也极为脆弱，因此不愿置于这种风险之中。

围绕最新军事装备的竞争，各国军事力量呈

现出显著的差异。此外，各国还面临着一个优化难题：军队必须针对特定战略目标进行优化配置。如果一个军事力量的主要任务是打击敌国军队，那么它可能并不适用于占领或治理领土，更不用说将国家权威扩展到治理薄弱的地区或与国内叛乱势力进行作战了。许多军队的功能远不止于战斗，它们常常还是国家应对自然灾害的重要力量。鉴于这些原因，尽管印度和中国等国家拥有庞大的军事规模，但在全球范围内，只有美国具备在全球投送军队的能力，同时部署训练有素、装备最先进的庞大军队去执行多样化的军事行动。作为北约成员国的众多西方国家则选择了维持规模较小的军队，依靠与盟友的合作来共同威慑侵略行为并在海外采取行动。还有一些国家则采取新旧装备混合使用的策略，但这些老式装备在面对先进军事力量时，作战能力难以维持。

随着西方军事力量发生变革，依赖高科技的优劣势也逐渐显现。"远程作战"（remote warfare）——主要依靠空中力量、特种部队和当地盟军干预——在某些情况下取得了成效，例如北约1999年轰炸科索沃和2014~2019年消灭"伊斯兰国"的行动。但在其他案例中，军事变革却又似乎是失败的。轻型部队可以在2001年推翻阿富汗塔利班政权，在2003年推翻伊拉克萨达姆政权，并在2011年促成利比亚卡扎菲政权倒台。然而，这三场战争后爆发的内战和起义对西方政府来说，无论在实际上还是在名义上都意味着它们的介入均以失败告终。此外，我们开始看到先进军事技术在国际体系中的扩散效应。[24] "捕食者"（Predator）和"死神"（Reaper）无人机曾在九一一事件以来的多场战争中为美国带来压倒性优势，而如今，它们则面临诸如土耳其"拜拉克塔尔2型"无人机等有力竞争者，后者在利比亚、纳卡地区以及俄乌冲突中对传统军事力量造成了巨大破坏。

放眼西方国家和中国以外的地区，当代战争中有大量看似过时的军事平台与昂贵的先进装备能力并存。各国越来越依赖私人军事力量和安保公司（PMSC）来执行本需要正规武装力量承担的任务。大多数情况下，这些公司主要负责维护军事设备，提供设备支持及保证物流和基地安全。在某些情况下，某些组织，如俄罗斯的瓦格纳集团等公司，甚至承担作战任务，成为国家力量的延伸，扮演着准军事工具的角色。国家军队与私营实体之间的界限在某些时候变得模糊不清，这一现象进一步加剧了当代战争的复杂性和模糊性，战争中简捷明确的军民划分变得不再明晰。[25]

信息时代的战争

除了在军事上产生具体影响，当代战争中由计算机发展而带来的互联网和数字通信网络从根本上改变了人类之间的沟通方式。作为最新的全球通信网络，互联网重塑了当代战争。过去的两百年中出现了多种多样的通信和传播方式，如电报、电话、广播、电影和电视等。这些通信手段，连同传递前线消息的邮政网络，一起影响了公众对战争的看法和战争本身的进程。

互联网则不同于以往的任何通信网络，它通过计算机提供了无穷无尽的互动方式。计算机还可以通过程序和各种形式的人工智能自动或自主地为我们完成任务。互联网的前身阿帕网（ARPANET）最初是为了让人们访问远程计算机而设计的，后来才发展成为一种通过计算机网络互相通信的手段。如今，人与人之间通过电子邮件或社交媒体平台进行直接交流只占互联网流量很小的一部分。在互联网商业化和数字通信被广泛应用之后，互联网对社会和政治产生了深远的影响。无论在战争时期还是和平时期，互联网都已渗透到人们的日常生活中，在大多数社会，访问互联网已成为生活不可或缺的一部分。

通信网络与战争密切相关，军事力量依赖这些网络进行内部沟通和协调，比对手更快地沟通是显著的军事优势。[26]因此，无线电等移动通信方式成为军事装备的标配。通信网络的变化也改变了政治领导人、军事指挥官和前线部队之间的关系。数字通信技术使得2011年时美国总统奥巴马可以实时观看美国特种部队袭击并击毙奥萨马·本·拉登的行动，这在20世纪末之前还是无法想象的。由于命令也可以通过这些网络发布，数字通信网络可能使得前线部队受到远程军事指挥官更严密的监控。

计算机网络也为攻击对手带来了新的可能。大多数国家开发使用的高科技武器都依赖计算机和计算机网络来发挥作用。这意味着军事力量也面临网络攻击的威胁，这些攻击可用于搜集敌方情报，或破坏摧毁关键计算机网络和个体系统。从这个意义上说，当代战争极易受网络攻击影响，不过只有少数国家能够有效针对军事目标采取此种攻击。

网络攻击如此重要，是因为它们在不造成物理损害的情况下就能让国家及其军事力量实现打击敌人的效果。网络攻击还使各国可以持续开展某些在范围或规模上都独具特色的敌对活动。计算机网络难以防范，这意味着成功的网络攻击可以以前所未有的规模窃取数据。2015年，黑客入侵了美国人事管理局系统，使2210万美国公民的敏感信息记录遭窃取。[27]同样，2010年的"震网"（Stuxnet）病毒①攻击成功中断了伊朗纳坦兹地区的核计划，这一关键目标本无法采取其他有效攻击形式，但网络攻击成功取得了战略性成果。秘密行动、颠覆和影响力行动等传统国家手段也因互联网而发生了变化，国家现在可以利用社交媒体信息来影响公共舆论。这些新变化都使各国在面对公开的数字间谍活动时常常感到手足无措，进而导致局势紧张和战略变动。

因此，当代战争的又一特征是信息环境的变

---

① 世界上首个专门针对工业控制系统编写的破坏性病毒，主要针对微软系统以及西门子工业系统。

化,战争的信息通过全球信息网络传播的方式也发生了变化。智能手机将移动通信、访问互联网以及录制声音和视频等功能结合在一起,极大提高了任何人在战争区域内记录和传播事件的能力。[28]从前,平民在战争期间往往被隔离开来,无法彼此交流,而现在他们很容易在线上被动员起来,向国家和其敌人分享关于冲突进展的信息。这些信息具有军事用途,就像俄乌冲突中,乌克兰有一款移动应用程序让平民能够在地图上标记俄军部队的位置,乌克兰军队随后可以对其发起攻击。[29]这种行为同时还承载着深远的战略意义。原因在于,关于平民伤亡和战争罪行的证据可以轻易地在网络上流传。这一特性反过来促进了开源调查小组从在线资源中高效地搜集证据,用以核实并质疑国家对战争中暴行的责任声明。[30]

我们必须意识到,互联网的广泛使用能对战争产生的全部影响仍是无法确定的。想象一下,2001年美国轰炸阿富汗时,阿富汗全国只有不到0.01%的人能够上网。与之类似,2003年美国入侵伊拉克时,伊拉克约有0.6%的人能访问互联网。相比之下,2011年叙利亚内战爆发时约有22.5%的人能上网,而到2022年,乌克兰的上网率已超过75%。[31]我们正进入一个新的时代，在这个时代中，每一次新的武装冲突都将被平民观察记录下来，影像资料将会在全球范围内分享传播。

互联网同时也是一种物理基础设施，且容易受到集中控制。尽管国家很难单方面过滤互联网，但许多国家已经开发出相应技术并推出法律机制来审查其公民可以看到的内容。同样，国家还会以关闭互联网来作为社会控制的手段。[32]所谓的数字威权使得国家能够审查和控制平民通信网络，也为广泛监控个人和社区提供了便利。我们可以在缅甸内战等冲突中看到这些数字技术的影响。国家在战争时期使用数字技术搜集平民和难民的生物识别信息，使得战争与人权之间的关系变得更加复杂。虽然这还是一个新兴问题，但随着国家进一步利用计算机革命的成果，战争与数字权利（数字技术背景下的人权）之间的关系预计将会进一步拓展。

技术与军事力量

几个世纪前，我们今天所说的非国家政治团体，通常是武装起来的游牧民族，曾对国家构成重大威胁。直到大约17世纪,国家还在为这些骑马的入侵者担惊受怕,因为他们可以在各国领土上烧杀抢掠,甚至征服整个国家。[33]火器等军事技术的发展削弱了这些群体对国家构成生存威胁的能力,但直到19世纪,国家才在帝国体系中征服或消灭了游牧社会,真正有效地瓜分了世界上非国家的剩余部分,并将其划入自己的版图。至少在理论上,现代战争显著增强了国家相对于非国家武装团体的力量。虽然非国家实体有时能够在战斗中击败国家军队,但它们已不再具备威胁国家生存的能力。飞机等现代武器系统,也使得国家能够向边远地区投射致命武装力量,进一步减少了抵抗的空间。[34]

然而,当代世界的国家与非国家武装团体之间的力量平衡又发生了变化。如今,任何国家如果想要动用军事力量(理论上)都能够获得比20世纪初期到中期更具杀伤力的武器系统。实际上,由于精确武器的进步,最强大的国家与其他各方之间的技术差距不断扩大。然而,在某些方面,国家与非国家武装团体之间的差距却在缩小。与19世纪抵抗欧洲帝国的土著力量不同,当代的反叛运动武装几乎都能获得自动步枪、重机枪和简易爆炸装置（IEDs）等基础装备。

这一点尤为重要，因为自20世纪70年代以来，国家之间的战争越来越少，许多国家反而出现了大规模的内战。先进军事设备对这些战争的影响有限。然而，这一时期的内战与19世纪和20世纪初的内战有所不同，现代战争中的致命武器（尤其是自动步枪）得到了广泛使用，支持技术（如机动车辆、无线电以及后来的互联网）获得普及，这些冲突还呈现出融入全球供应链的趋势。因此，要想理解当代战争，就不能局限于2003年美国入侵伊拉克和2022年的俄乌冲突等引人瞩目的国家间战争。

国家如今不得不应对一种情况：即使对付它们的是相对简单的现代军事技术，这种攻击也可能获得出人意料的成效。结合上述通信技术发展的背景，国家会发现当代的叛乱活动韧性惊人。得益于低成本的通信手段，叛乱势力可以通过分发宣传材料或传播国家暴行的证据以争取支持。[35] 国际非法军火交易使得轻武器和小型武器的供应源源不断，进而维持了这些武装团体的作战能力。国家如今可以通过向非国家武装团体提供特定的军事能力，给其竞争对手制造更多麻烦。伊朗向黎巴嫩真主党和也门胡塞武装提供先进的火箭弹和导弹,让这些武装团体能够在该地区对政府构成重大战略挑战。[36]虽然这些有效且相对廉价的远程精确武器对那些可以负担得起昂贵防御系统的国家来说不是什么大问题,但大多数国家都没有能力应对这种挑战。

与"军事革命"强调尖端技术创新不同,非国家武装团体在转化商业技术方面表现得十分灵活。"伊斯兰国"使用商业和定制无人机进行攻击并拍摄宣传视频[37],缅甸的武装组织甚至利用3D打印技术来制造枪支[38]。由于反无人机系统十分昂贵且需要高水平的专业技能才能实现有效操作,防御无人机攻击对国家而言变得尤为棘手。非国家武装团体还学会了使用曾经使国家军队在战术上占据优势的技术。例如,塔利班在军事行动中使用夜视镜,墨西哥贩毒集团则会使用无线电干扰设备。[39]

在网络空间,国家与非国家行为体之间的差距甚至更小。国家垄断了使用暴力的权力,这通常是主权的象征,但国家从未在网络空间拥有类似的垄断地位。国家必须与商业公司合作,以确保其计算机网络和关键国家基础设施的完整性,同时还需要说服这些公司保持其网络安全。虽然一些国家在计算机网络攻击和防御方面拥有丰富的经验,但谷歌和微软等大型商业公司在网络安全方面的知识储备远远超过大多数国家。而与之对抗的则是敌对国家的情报和军事组织、国家支持的黑客组织,以及出于各种动机尝试进行网络攻击的非国家团体。

由于计算机网络是日常生活和政府组织运作的核心,国家、犯罪分子和黑客就可以在战争中利用多种多样的方式开展网络攻击。[40]这些攻击可以瓦解输油管道等关键物理基础设施,可以窃取或删除海量数据集,也可以像"震网"病毒使伊朗核武器计划瘫痪那样,直接摧毁物理设备。然而,根据上述对平民参与战争的观察,网络安全中最有趣的一个方面是技术人员获得了主动组建团体并发起破坏性网络攻击的能力。这表明新兴技术具有强大的平衡能力,只要具备相关专业知识,少数几个人甚至个体就可以对大型公司或国家机构发动破坏性攻击。

综上所述,当代战争与20世纪工业时代的战争之间并不存在清晰的断层。然而,自"二战"及朝鲜战争以来,战争环境却发生了显著变化。

当代战争的特征是新旧战争形式在一个经济上相互依存、名义上都受国际法约束的世界中共存。不过，战争和战争行为常常违反这些规则，非法的战争方式仍然存在。此外，随着技术的发展，国家与非国家武装团体的力量对比发生转变，国家似乎越来越难以对战争进行有效的管控。这些都是与战争相关的核心问题，我们将在下一章中进一步探讨。

4

战争中的问题

当前时代战争的发展表明，21世纪的现代战争已经发生了显著的转型，但其所面临的众多问题，在本质上仍然是战争这一古老现象所固有的。无论战争何时何地爆发，它都会不可避免地导致死亡、破坏和社会的不稳定。更为关键的是，交战各方往往将众多伤害视为合法行为，并且这些行为在国际体系中也被赋予了某种合法性。现行规范战争的制度，反映了关于战争如何进行以及应在何种情境下进行的理念。然而，这些规范与当今战争的实际情况之间存在着明显的脱节。正是这种实际战争操作与战争制度之间的鸿沟，使得当代战争显得尤为令人忧虑。在理想状态下，国家和非国家武装团体对于战争的理解应当与国际政治中的战争制度保持一致,并按照这些制度来发动战争。然而,我们所处的世界远非理想:尽管战争在国际政治中被视为一种受到约束的活动,但它依然时有发生。国家的实践不仅反映了战争形态的不断变化——包括战争的组织方式和作战手法的演变——同时也凸显了与国际法规则之间相对静态的对比。国家在使用武力时确实会考虑国际法,尽管它们常常在行动上背离国际法的精神乃至具体条文。因此,即使存在这种背离,战争的实践仍然在很大程度上受到战争制度的制约和影响。

  本章将概述与当代战争相关的问题。首先,我们将回顾战争实践与国际体系中战争制度之间的区别。虽然侵略战争被明令禁止,但这并未阻止战争的发生。这揭示了权力在国际体系中发挥的作用以及产生的问题——国家能够操纵发动战争的门槛和规则以获得战略优势。其次,战争一旦爆发,它们可能会导致大规模的破坏与伤害,而这些在国际人道主义法意义上又通常是合法的。此外,新的战争手段与战争方式正在扩大国家可能造成破坏的范围。违反国际人道主义法的战争在当今世界依然存在,并且在某些情况下提供了战略优势。将这些问题联系起来，当代战争的一个关键问题是，国家往往与其他国家或非国家武装团体合作，让对战争罪和违反国际人道主义法的行为进行追责变得异常困难。现状在很大程度上对强国有利。对国际法进行重大修改仍需这些国家的同意，这对寻求变革者来说是一大挑战。战争制度备受争议，尤其是非政府组织正在推动国际人道主义法的根本变革，但由于大国之间存在着战略竞争，当前的问题很可能会持续下去。从长远来看，这可能会削弱改变国际法以及应对诸如气候变化等全球挑战所需的国际合作。

战争的连续性

国际体系中的各类机构旨在促进通过外交途径以解决危机和冲突，避免战争的发生。侵略战争如今已被明确禁止，各国通常坚持认为使用武力占领别国领土是非法行为，并拒绝承认因征服而导致的边界变化。除了自卫以外，只有联合国安理会可以授权使用军事力量，而且仅限于维护国际和平与安全的目的。然而，发动战争的行为依然会发生，并带来巨大的破坏与毁灭。

国际法并未改变战争爆发的事实,而战争本质上总会导致大规模的伤害与破坏。然而,从国家视角审视,战争所带来的大部分破坏潜力在国际法的框架内是被默许的。诚然,尽管国际人道主义法旨在减轻战争造成的总体伤害,其核心理念在于承认:战争中,某些形式的破坏与死亡在所难免,且在一定程度上可以被接受。参与武装冲突的军事人员需要有心理准备,他们既可能造成伤亡,也可能要承受伤亡。平民本不应成为攻击的直接对象,但无论战争规模大小,他们往往会不可避免地受到一定程度的伤害。即便是管控得最好的国家间战争,如1999年的科索沃轰炸行动①,也会造成平民伤亡和基础设施的损坏。据估计,科索沃冲突中共有13157名平民丧生。[1]更为严重的是,许多武装冲突中都出现了针对平民的蓄意攻击和其他战争罪行。如此看来,国际法在保护平民免受战争伤害方面存在根本性的局限。

战争的危害不仅限于武器直接造成的伤亡,

---

① 也称科索沃战争,是欧洲巴尔干地区于1999年3月至6月发生的一场以大规模空袭为作战方式的高技术局部战争,由科索沃的民族矛盾引发,交战双方为南斯拉夫与以美国为首的北约军队。

还会引发大规模的社会经济动荡。战争的暴力行动迫使民众逃离以求自保,也会破坏关键的基础设施。界定和衡量战争的后果是一项艰巨但必要的任务。依赖准确评估的人道主义援助和国际捐款常常是武装冲突期间支持平民的关键手段。人们早已考虑到战争的次生效应,尤其是会产生难民,并可能引发饥荒或爆发致命疾病。如今,人道主义工作者、卫生专业人士和学者将武装冲突称为"复杂紧急状况",其中交织着各种对个人造成伤害的过程。[2]复杂紧急状况这一概念的出现意味着专家们更加关注由武装冲突导致的过量死亡人数。人们不仅可能因子弹和炸弹死亡,缺乏粮食供应与医疗服务或流离失所也可能导致人员丧生。

这并不是说战争对平民的伤害是均等的。女权学者指出,战争对女性造成的伤害与对男性的不同。战争可能会加剧原有的性别不平等,女性常常成为性别暴力的目标。[3]然而,我们在看待女性时应保持谨慎,不应仅仅将她们视为战争的受害者;在全球许多冲突中,她们也是参与者和战斗人员。平民中还存在其他不平等。例如,儿童在武装冲突期间可能失去数年的受教育机会,影响其未来的人生境遇。这些例子反映出两个正在改变我们评估武装冲突方式的趋势：对个体化和身份认同的考量。从人权思想出发，人们如今越来越重视考虑战争如何对个体造成伤害，乃至具体的战争行为如何侵犯了个人的权利。[4]许多学者和活动家批评国际人道主义法框架，因为它忽视了年龄、性别或种族等方面的个人身份。这些身份特征会对武装冲突如何影响个体产生显著影响，而这一点在"平民"这一身份标签中并未得到体现。

理解战争造成影响的途径之一就是关注冲突中的性暴力（或是"与冲突相关的性暴力"）。战争中的强奸和其他形式的性暴力自古以来就存在。然而，直到20世纪90年代南斯拉夫、卢旺达和塞拉利昂发生暴行之后，战争中的强奸行为才被国家和法院认定为战争罪。最终在2016年，国际刑事法院（ICC）首次对战争罪中的强奸行为做出了明确的定罪。[5]鉴于这种罪行的性质及社会围绕强奸的种种污名，尽管其给个人和社会带来了深重的后果与影响，战争时期的性暴力往往仍是被回避的话题，官方永不承认其存在。术语"冲突中的性暴力"不仅拓宽了我们的关注视野，还强调了几个重要方面：首先，战争中的性暴力行为远不止强奸，还包括羞辱、酷刑和胁迫等多种有害行为。其次，这类残忍行为同样可能发生在男性身上，且实施者也可能为女性。此外，该术语还指出战争中的性暴力并非仅由士兵所为。"与冲突相关的性暴力"这一概念的不断演进，使我们更加深刻地认识到战争不仅直接导致了性暴力的激增，还使其影响延续至战后的和平时期。因此，若要全面审视战争的危害，我们必须深入理解其结束后所带来的长期后果。[6]

战争还可能产生系统性的影响。全球经济相互依存意味着战争——尤其是大国之间的战争——对支撑全球经济的基础设施和贸易流动构成了潜在的威胁。2022年俄乌冲突中断了小麦供应，导致全球食品价格飙升。西方国家对俄罗斯的制裁和俄罗斯的反制措施限制了俄罗斯化石燃料对全球市场的供应，导致了能源价格疯涨。即便排除超级大国之间发生潜在核战争的可能，许多类似的、在理论上可能发生的情景也同样令人担忧。例如，美国、俄罗斯和中国等国家都在积极研发和测试反卫星导弹技术。自首批火箭与卫星诞生以来，太空便已成为军事活动的疆域。然而，未来大国在太空中的可能冲突可能会产生大量碎片,使地球轨道上对通信卫星至关重要的区域变得极其危险,进而威胁卫星的安全运行。

合法性、权力与战争

当代战争面临的第二大问题是使用军事力量是否合法,这是一个在国际上存在很大分歧的议题。其实在国际法的各个层面上,各国一直都为此争论不休,战争的合法性问题是老生常谈。不过,在探讨军事力量的合法界限时,争论主要集中在以下两方面。首先,如何正确解释这个领域的国际法?其次,谁有权合法制定或解释这些法律?传统观点是从国家的中心地位出发,认为国际法事务专属于国家和个别国际法机构。而反驳这种观点的人则认为特定领域的专家以及学者也要考虑在内,来自政府之外的法律专业知识也很重要。[7]那么究竟谁有资格解释国际法呢?这一问题的答案不言而喻,国际上已经存在着许多国际法院和各类专门法庭,它们能够对国家、政治领导人、官员和卷入战争的各种势力做出裁决。但与此同时,美国这样强大的国家也可以无视国际法院的裁决,同时无须承担重大法律后果。因而政治力量在这场争论中也发挥着很大作用。

这种分歧可见于国家内部和国际层面的政策辩论。各国政府可以援引各种国际条约,表明国际上对其行为的规定相对宽松。与之相对,"人权观察"和"国际特赦组织"等全球民间社会团体却不断质疑国家发动战争的合法性。"二战"后,国际政治中一些其他的规范体系得到发展,特别是人权概念兴起,引发了上面的争论。[8]一些国家,尤其是美国,认为"战争法"(现在被称为"武装冲突法"或"国际人道主义法")专门用于规范战争行为,"人权法"在战争中并不适用。然而,民间社团对此持不同意见。他们援引了一系列构成"国际人道主义法"的重要条约以及其后签署的诸多条约,这些文件一脉相承,都旨在维护和发展全人类人权事业。

全球民间社会团体致力于推广这样一种理念:国际人权法能够在战时适用,也应当适用。这将对国家在战争中可以采取的行动及其动因施加额外的限制。毕竟,最基本的人权也许就是生命权,而杀人正是战争的一个本质特征。采用人权视角来看待战争将意味着,战争中诸如杀戮或扣押参战人员等国家随意行使其权力的行为,需要一套远比"国际人道主义法"更加严格的标准来评估。欧洲人权法院已经裁定"人权法"的确也适用于武装冲突中的某些行为，特别是扣押战俘及相关行径。而从更广泛的角度来看，各国政府对"国际人权法"的性质持有不同观点，它们认为国家没有义务在领土之外考虑或维护人权。这意味着人权法在战争中发挥的保护作用实际上取决于国家如何解释它。

从根本上讲，这场争论的焦点在于战争中使用武力的正当理由以及暴力行为的可接受限度。争论的一个后果是：人们对国家为其行为辩解的关注度提高，对拒绝承认或解释其军事行动的国家提出批评。而加剧这一难题的是，联合国负责决定此类事项的核心机构从根本上讲是一个政治机构。联合国系统内对国际问题做出集体军事回应，需要经过联合国安理会的同意。由于安理会中有五个国家拥有一票否决权，意味着当这五个国家中有一个反对联合国在某一特定情况下采取行动时，它便可以否决任何正式、合法且正当的集体回应。在没有安理会批准的情况下，单个国家或国家集团往往会采取军事行动，并以国际法的语言和原则为其辩护。冷战结束后一个典型的例子是北约干预科索沃,理由是"防止危害人类罪和种族灭绝行为"。北约部队对南联盟军事目标进行了持续的轰炸,随后一个独立的委员会将其描述为"非法但正当"的军事行动。⁹

由于不同社会在政治立场、社会特征和价值观念方面存在差异,依靠政治合法性或道德准则来为非法使用军事力量辩护如同潘多拉的魔盒,是祸患之源。任何违反国际法的行为都可以采取此种方式为其辩护。同时,依赖对国际法,特别是国家主权不可侵犯这一原则的教条化解释来裁断暴力的合法性,在冷战后受到了诸多批评。其中一个原因就是,若将对国家主权的解释绝对化,加之安理会的无所作为,实际上就是默许政府可以自由屠杀本国部分人口或实施种族灭绝,1994年发生的卢旺达大屠杀就是惨痛的例子。国际社会在21世纪初回应了这一问题,联合国提出"保护责任"(R2P)原则。该原则主张,对一个国家主权的认可要以其保护领土内居民的义务为前提条件。如果国家违反这一义务,例如实施种族灭绝,即便涉及侵犯该国的主权,国际社会也有权采取行动。然而,2005年《世界首脑会议成果文件》虽然确立了"保护责任"原则,但规定此类干预措施必须通过安理会批准才可进行。这实际上又形成了一个循环，使这一原则仍受五个常任理事国在政治上同意或弃权的影响。[10]由于很难真正行使"保护责任"，大多数对种族灭绝或反人类罪行的军事干预都是单边行动，因此要么是非法的，要么在合法性上存在争议。

民间社会团体和许多小国面临的问题是，当前以国家为中心的战争和武装冲突管理机制实际上对强国更有利。联合国对安理会常任理事国或其盟友的制裁通常只限于口头谴责。对于发动战争的强国来说，武装冲突法的相对宽松性意味着，它们可以合法地使用多种毁灭性手段。强国在许多情况下似乎能够避免国际法庭的惩罚。国际体系的结构决定了即使存在国际刑事法院（ICC），许多强国也依然无须担心其政治领导人和军队人员被起诉。

操纵冲突的门槛标准

战争规则惩罚侵略行动和不当的战争行为，但同时也促使各国规避这一规范系统。这并不令人惊讶，因为各国本就部分出于自身战略利益来制定国际法。即使是有限的战争规则也依赖于国际秩序来维持，但这种秩序是动态的，是国家间竞争与合作的产物。那些寻求挑战或改变当前国际秩序的国家利用其限制来获得战略优势。对当前国际秩序的承诺产生了不对称的情况，这给那些寻求捍卫国际秩序的人带来了挑战。毕竟，如果自由民主国家为捍卫秩序而突破自身所设定的界限，那么它们实际上是在削弱自己所宣扬的原则。

　　强国实际上可以绕过对战争的制度性约束。事实上，当今国家权力的一个真正标志就是能够躲避国际体系的限制。战争制度与国家使用武力的现实之间的差异导致了一些看似令人困惑的做法。例如，2022年2月24日，大批俄罗斯军队进入乌克兰。俄罗斯早有预谋——它早在2014年和2015年就吞并了克里米亚和乌克兰东部地区，并自此以后一直支持乌克兰东部地区的分裂势力，使得冲突陷入僵持状态。2022年新一轮冲突开始阶段，俄罗斯总统弗拉基米尔·普京声称，俄罗斯军队接到命令进行"特别军事行动"以自卫。[11]这一举动很快被乌克兰政府及其国际盟友称为侵略战争。各国在多个国际论坛（特别是联合国）上纷纷谴责俄罗斯。然而，在联合国的投票也反映了各国的政治联系和长期战略利益，俄罗斯稀少的盟友对其投以支持票，而一些国家则对此投了弃权票。

当代战争的一个突出特征是，战争与和平之间的界限被故意模糊化。此外，某些国家还对其使用的武力做出法律辩护，进一步加剧了这一现象。国家具备现代军事能力，能够采用导弹、空中力量、特种部队和代理人等多种手段，以高精度在相当大的地理距离内相互打击。随着国家远程使用武力的能力不断提高，对感知到的威胁进行攻击的机会，或者说诱惑，也随之增加。国家在远离自身领土数千公里外使用武力时，往往以自卫作为辩护的借口。英国在2015年对叙利亚境内的本国公民进行致命打击时就采取了这种做法。与此同时，这也反映出非国家武装团体和恐怖分子可以在地球另一端策划、发动、指挥攻击与威胁行动。许多军事行动都秘密进行，而国家通常拒绝与国际社会或本国民众讨论或解释这些行动的细节。

这就出现了一个具体议题：在战争之外使用武力。这里提供三种主要的思考方式。首先是选择性使用军事力量的情况，即一个国家并未处于战争状态时采取的军事行动——例如使用无人机空袭或派出特种部队消灭恐怖嫌疑人等。其次是"低于门槛标准的竞争",即以不达到战争门槛标准的方式使用军事力量,或者在使用武力时使对方只能以发动战争的方式做出反应。最后是利用非军事手段实现与军事力量类似的效果。这包括国家间的各种敌对行为,如经济战争、制裁和网络攻击,所有这些都可能对目标国家产生潜在的长期毁灭性影响。

使用无人机进行定点清除是当代关于战争与武装冲突界限辩论的核心。在他国进行无人机袭击是否应该被视为出于自卫目的一次性使用武力?还是应视为国家与非国家武装团体之间武装冲突的一部分?理论上,我们可能会讨论使用无人机杀死单一目标的空袭可以被视为武装冲突所需的最低条件。然而,实际上,空袭常常导致平民伤亡,且目标身份通常不明确。这类空袭将引发许多法律问题和次生问题。例如,如果一个国家能够合法地在遥远的他国杀死某人,并被认为是自卫行为,那么到底是应该根据国际人道主义法,还是人权法来评估?或是根据两者进行共同评估?又或者是两者都无法作为参照?此外,如果一个国家因为某个人是恐怖组织或非国家武装组织的成员，而可以合法地杀害这个人，那么又有什么可以阻止各国在任何地方杀死它们所认为的恐怖分子或叛乱分子呢？

这样的辩论指向了这些活动中普遍存在的法律不确定性。[12]当进行定点清除的国家寻求为其行为辩护时，它们也必须意识到其他国家可能会利用相同的法律依据来解释其非法行为。这一点至关重要，因为尽管无人机仍然是公众想象中最为突出的例子，但相同的法律原则和逻辑同样适用于国家在海外运用军事力量的其他各种手段，无论是发射弹道导弹还是部署特种部队进行突袭。这些军事能力的一个特殊后果在于，它们可能引发持续时间极短但后果极其严重的冲突。例如，2020年1月，一架美国无人机在伊拉克击毙了伊朗高级军事指挥官卡西姆·苏莱曼尼。这一空袭是美国与伊朗之间长达数十年的军事竞争的一部分，但就其本身而言，这是一个独立事件。从法律上讲，任何国家间使用军事力量都会引发国际武装冲突，因为冲突的门槛标准非常低，而在冲突何时结束的问题上，上述冲突又极其短暂，是一种"闪电式"的武装冲突。看来，从前认为战争是一系列战斗的想法,在当今世界已经发生了转变:一个单一的独立战斗本身也可能形成一场短期战争。

国家为了获取战略优势也倾向于模糊战争与和平之间的界限。武装冲突事关重大,一些国家使用军事力量的方式让对手难以做出反应,并以此逼迫对手妥协。这种行为被称为"混合战争",本质上就是混合运用军事和非军事手段来攻击和削弱对手,同时将升级为武装冲突的责任归咎于对手。[13] 混合战争根植于战略竞争和权力不对称。实际上,寻求挑战国际秩序的国家必须面对其捍卫者在整体上远强于自己的事实。这些国家试图通过在武装冲突门槛以下使用武力和胁迫行为以削弱对手,而对手往往很难以合法方式回应。

许多"低于门槛标准的竞争"涉及军事与非军事手段的混合,如利用特种部队和代理人逐步蚕食领土(不断进行小幅度占领行动),或者利用渔船在争议水域驱赶其他国家船只。"非军事战争行为"则指的是国家转向其他方法以实现从前可能只能通过军事力量来实现的战略效果。近年来,国家开始将全球经济的基础要素武器化,以迫使对手屈服。[14] 在全球金融体系中占中心地位,使得美国能够将竞争对手排除在国际银行网络之外，进而影响其贸易活动。[15]这样的行为是否算得上战争？对受害方来说，确实如此。中国和俄罗斯等国家对当代国际秩序提出质疑，正是因为他们认为该秩序在制度层面偏袒西方国家。这在一定程度上也是对大国之间军事失衡的回应。几十年来，人们一直认为，美国将在平等对抗中、俄其中之一时获胜。那么，为什么要对中国和俄罗斯对这种战略不对称采取应对措施感到惊讶呢？我们不应忽视，俄罗斯、中国或伊朗声称西方国家的行动或回应是战争行为：西方国家不能，也不应要求自己确定的概念边界被对手或更广泛的国际社会所接受。

西方国家担心的是，对企图破坏国际制度的行为采取有效回应，可能会导致国际秩序解体。无论是在自由贸易领域还是为互联网背后的计算机基础设施制定标准的国际论坛上，国际合作会在针锋相对的争辩中分崩离析，这种现象还可能在国际政治的许多不同领域里发生。国际政治中所谓中立的部分，如标准化组织，已成为国际竞争的舞台，这意味着没有任何地方可以免受竞争的影响。

技术与合法杀戮

合法战争的边界是什么?今天出现的另一个问题是,各国不断发展出越来越致命和更具破坏性的战争手段。新的技术和作战方式意味着旨在制约战争行为的实际限制已不再有效,管控这些手段的条约法律仍然停滞不前。例如,在1977年《日内瓦公约》附加议定书签署时,巡航导弹技术还处于起步阶段。如今,多国已经具备有选择地使用导弹发动威胁或报复袭击的能力,如1998年美国发动的"无限延伸行动",该行动针对阿富汗和苏丹的目标,以报复"基地组织"对肯尼亚和坦桑尼亚美国大使馆的炸弹袭击。

这一问题的核心在于,战争中造成的许多死亡和破坏是合法的。国际人道主义法允许军队对抗时使用致命武力,但人人皆知,使用军事力量不可能不造成平民伤亡或严重的附带损害。国际人道主义法旨在平衡军事必要性、区别性、恰当性和人道四项原则。其中,军事必要性原则与人道原则常常相互冲突。如果不存在任何与之相抗衡的原则,军事必要性可以为大范围的破坏行为提供正当理由,而在大多数情况下,人道原则会反对没有充分理由地使用武力。因此，只要军事力量的使用符合这些原则和法律，便在国际人道主义法下是合法的。但对许多非政府组织而言，这在很大程度上取决于对国际人道主义法允许什么和不允许什么进行军事评估。从本质上讲，各国自己决定国际人道主义法所允许的内容，除非受到更强大国家的强迫，否则很少承认自己挑战了国际法。

这个问题在涉及对平民的伤害时尤为突出。西方军队声称，他们采取了所有可能的措施来防止这类事件的发生，包括严格限制可能伤害或杀害平民的打击行动。恰当性原则要求指挥官在攻击或行动所带来的军事优势与可能对平民造成的伤害之间进行权衡。然而，恰当性评估不仅涉及直接的破坏和伤害，还包含诸多其他因素，这使得军事人员进行这种评估变得相当困难。例如，在军事人员对某地区了解有限的情况下，评估切断该城市地区电力供应可能造成的伤害几乎是不可能的。许多军事打击的恰当性面临着独立审查的挑战，但除了军事发言人提供的简要概述外，外部人士通常难以了解某次攻击背后的逻辑。更深层次的问题是，军事指挥官在何种情况下才能评估并平衡短期优势与长期危害。例如，战争往往导致显著的生态破坏,这种破坏可能会持续远超冲突本身的时间长度。使用爆炸性武器时遗留的未爆炸弹药,可能在数十年后继续造成平民伤亡。

一些批评者和非政府组织还认为,新技术意味着我们应重新审视相对宽容的国际人道主义法。随着新的武器和战争方法的出现,人道原则的重要性受到极大重视,人们对合法杀戮的限度感到不安。例如,因为依赖空中力量发动攻击,北约部队在科索沃战争行动中仅有两人(因训练事故)阵亡,却造成塞尔维亚军队超过一千人死亡,杀死约五百名平民。近年来,这种极端不对称的问题集中显现在,无人机飞行员在数千英里外杀死对手而不让自己遭受身体伤害,但许多人还是会因杀戮而遭受心理创伤。[16]

这样的战争是否不人道?大多数国家给出否定的答案。毕竟,杀戮就是杀戮,只要符合国际人道主义法,杀戮就是公平合理的。远程定点清理甚至更好,因为可以更好地把控打击的时机。这一现象指向了一个事实:军事技术的进步往往引发新的概念和伦理问题。例如,精确的定点清理手段是把双刃剑。一方面,国家可以"深入"战争,有选择地杀死目标并以更高的精确度摧毁军事目标；另一方面，存在精确制导武器这个选项本身就会让使用旧式非制导武器攻击同一目标产生道德问题。[17]尽管美国等国家仍坚持对国际人道主义法（IHL）限制的传统解释，但民间团体正在推动制定一项禁止在人口密集地区使用爆炸性武器的条约。这一条约在本质上还是关于如何评估战争中的暴力，不仅体现在人权法是否适用于战争或如何适用于战争的分歧中，还体现在关于国际人道主义法本身的目的和解释的争议中。对各国来说，这意味着它们在面对公众舆论时为自己的行为辩护将变得越来越难。

杀戮的追责问题

当今世界依然存在着明显非法的战争行为。尽管20世纪90年代国际刑法重新发展起来，但很多战争罪行似乎没有受到惩罚。联合国安理会曾授权建立了诸多法庭，如南斯拉夫问题国际刑事法庭（ICTY）和塞拉利昂特别法庭（SCSL）。1998年签署的《罗马规约》则设立了国际刑事法院。以上努力都希望（至今依然希望）能够借助这些法庭终结武装冲突中有罪不罚的现象。许多人认为,这些法院审判的示范效应是未来威慑违反国际人道主义法行为的重要一步。

国际人道主义法的有效性,依赖于国家和非国家武装团体是否尊重其基本规范,或者在发生违法行为时能否预防或惩治战争罪。许多国家和非国家行为体根本不尊重(或仅名义上尊重)国际体系的规则和机构。像国际红十字委员会(ICRC)这样的组织孜孜不倦地告知有组织的武装团体和其他冲突参与者,他们具有什么样的法律义务。然而,保持中立是这些组织树立权威的基础,它们必须保持公正,且无权处罚违反法律的行为。

国家间的权力差异再次凸显其重要性。在武装冲突期间,有效执行战争规则往往需要依靠威胁性胁迫、非军事形式的胁迫(例如制裁)或军事干预。这些手段的有效性在很大程度上取决于被打击国家或团体的相对实力和资源状况。诚然,国际人道主义法包含旨在迫使对方遵守法律的惩罚机制,但这些机制目前与人权法的主流规范存在冲突。传统上,对违反国际人道主义法的行为采取报复措施——采取本质上非法的行动以迫使对手尊重国际人道主义法——在技术上仍被视为合法。然而,这种回应方式如今在国际人道主义法中受到了严格限制,并且很难与人权法以及西方国家作为人权捍卫者的自我认知保持一致。[18]

因此,许多国家面临着愿意在战争中犯罪的对手,这些对手可能是出于战略原因而犯罪(即其战争目标本身就是一种犯罪,如种族灭绝冲突)。此外,如我们之前所说,内战中的许多暴力形式与国际人道主义法规定的使用暴力的合法目的有所不同。同样,在作战或战术层面,冲突中的特定维度可能会导致非法的战争手段和方法。我们通常将这种情况与不规则或不对称战争联系在一起,因为弱者选择攻击强大力量的手段通常在国际人道主义法下是不合法的。然而,在许多情况下,国家由于自身存在弱点或过于脆弱而犯下了战争罪。叙利亚政府缺乏控制国家的军事能力,导致其诉诸大规模拘禁、酷刑和谋杀,甚至还对平民使用化学武器以制造恐怖,以及围困和故意制造饥荒等手段。

非法战争给那些力求遵守国际人道主义法的对手带来了根本性的两难困境。只要对手坚守规则,非法行为——例如将军事力量和装备混入平民之中——就能为其带来优势。这导致对方在压力下倾向于放宽或违反规则,但也极有可能导致更多的平民伤亡和浩劫,从而从两个方面削弱国家的合法性:一是其战役目标的合法性,二是其作为合法法律实体的整体自我形象。近年来,国家和非国家行为体都利用了某些国家愿意单方面遵守国际战争法的事实,通过部署人盾或利用国内法律体系来挑战国家行为。

这便引出了追责的问题——追究个人、组织或政府对违反国际或国内法律负有的责任。追责通常与透明度和责任这两个术语放在一起讨论。民间社会团体希望获得更多关于国家如何进行战争的信息,并希望在出现问题或非法政策时伸张正义。这便要求有人或某个实体对战争行为负责,并因非法行为而受到惩罚。然而,国家武装部队和政府在许多军事事务上缺乏透明度,且有充分的理由这样做:敌人会因了解其做出军事决策的方式而获益。所以他们向来不愿向记者或非政府组织提供军事行动的详细信息。然而,这一立场正越来越受到战争监控团体的挑战,例如英国的"空中战争"(Airwars)组织,它们利用新闻报道、社交媒体帖子以及照片和视频等数字证据搜集大量关于战争中平民伤害的数据,因而能够挑战国家武装部队对平民伤害责任的否认。

追责问题的复杂性还在于当今大多数战争都涉及国家联盟，有时还包括非国家武装代理人。这种情况使追责变得很复杂，因为合作行动的结构模糊了个体行为的责任归属。此外，联盟结构通常比国家武装部队更不透明，且对质询的回应更少。[19]这也可能使国家即使本身不愿犯下战争罪行，也会与愿意这样做的武装团体或其他军事力量开展合作。此外，国家往往无法直接控制代理人国家或非国家武装团体。

归根结底，这是一个政治问题：国家需要对其本国人民和国际同僚负责。国际社会建立在共识的基础上，如果强国达成一致，则会以惩罚相威胁来支持这一共识。这再次凸显了国际秩序中的一个核心问题：一些国家能够并且确实违反国际体系的规则，却不用担心受到惩罚。这对于国际法，以及由此延伸出的战争制度意味着什么呢？一个关键问题是，国家在面对挑战时保持沉默往往是国际法中被忽视的一个特征，因此也是战争和战争法规的一个重要方面。[20]许多国家加入了国际法院等机构，这些机构可以有效地强迫它们提出辩护理由或证据。然而，有些国家并未参与其中。因此，这些国家不会因为拒绝承认自己的行为而受到惩罚，一些国际机构在职能上也被阻止进行真相调查，例如俄罗斯就否决了联合国与禁止化学武器组织联合调查机制（UN-OPCW Joint Investigation Mechanism）继续调查叙利亚使用化学武器的决定。[21]那么，与各国在法律上备受质疑的战争理由同时存在的，是强国拒绝讨论或回应批评。其恶劣影响是，它可能使提高规则遵守度的努力——例如将被指控的战争罪犯送交国际法庭审判——显得有失公正，从而进一步削弱国际体系。[22]

大国竞争

中国在20世纪90年代末和21世纪初成为美国的重要战略竞争对手，为21世纪的大国冲突定下了基调。中美竞争的一个重要特征是两国都在努力塑造包括国际法在内的国际秩序。从某种意义上说，两国之间的差异相对较小，中美都是国家主权的坚定倡导者，主张限制国际机构干预其国内事务或外交政策。而在其他方面，比如政治体制，两国则有显而易见的差别。[23]

21世纪中美战略竞争的核心议题在于大国间

的较量可能引发战争风险，而这一风险与全球共同面临的严峻挑战——气候变化紧密相连。中美战略竞争的态势及其潜在触发的全球性重大冲突，正阻碍着各国在应对气候变化多重挑战时建立必要的广泛合作。短期内，中美之间的竞争压缩了国际社会在解决世界冲突上的合作空间。同时，各国为防范未来可能的大国冲突，纷纷增加国防预算以图未雨绸缪，却也因此削减了应对气候变化所需的资源投入。

因此，国际社会在修改国际法以应对我们所讨论的诸多问题方面缺乏动力，原因在于广泛的国际合作被视为实现这一目标不可或缺的前提。自冷战结束以来，虽然已有若干旨在限制战争手段和方法的条约得以签署，诸如禁止杀伤人员地雷的《渥太华公约》，以及最近的《禁止核武器条约》（TPNW），但这些条约的签署国仅限于部分国家，且往往不包括关键国家（例如，没有任何核武器拥有国签署《禁止核武器条约》）。这些条约的目标是改变国际规范，使特定武器在国际政治舞台上失去合法性，然而，在此情境下，未签署国仍可依据更广泛的国际法为其行为寻求正当性。

我们面对的是一套相对静态的条约和国际习

惯法，而战争及其合法性之争却愈演愈烈。强国满足于捍卫自身的立场和自由，而其他国家则希望对战争施加更多限制，并要求对违法者实施同等的惩罚。出于此及其他诸多原因，改革联合国安理会的呼声愈发强烈。毕竟，为什么只有少数国家享有如此特权呢？首要的问题就是，若没有五个常任理事国的同意，这一体系就无法轻易改革。考虑到安理会席位带来利益与好处，现任五国不会轻易同意进行重大改革。

中美竞争还体现为大大小小联盟的出现以开展相互对抗，这一现象与当今世界的战争问题密切相关。当今世界存在很多缔约同盟、联盟团体和代理关系，战争往往涉及相对较多的国家和非国家武装团体。鉴于主要国家都拥有核武器，发动战争时就需要与不同层级的国家和非国家行为体开展合作。无独有偶，历史上虽然有些战争仅限于两个对手，但也有很多涉及多个政治团体。然而，在全球化的世界中，各国通过军事或经济援助进行远程干预变得更为容易。因此，随着规范战争和惩罚诉诸战争行为的机构在国际关系中变得越来越重要，发动战争的相对代价也间接增加。[24]

当一个国家干预他国，支持其内战政府时，

加剧冲突便可以让第三国轻而易举地消耗这一干预国的资源和精力。因此，支持国家安全部队或它的对手，包括长期培训和指导以及一次性武器运输等手段，是国家之间相互挑战的一种方式。这种外部干预使战争更为普遍。内战中，敌对武装团体的国际联系不可避免地将内部冲突拖入国家之间更广泛的战略竞争中。所有这些也使得当地民众的境况更加恶化。起初可能仅仅是因地方产生不满而爆发的内战，最终可能演变为一个国际化的冲突，它只有在第三方国家达成共识或撤出干预时才能真正结束。这些因素使得结束战争的难度更大。毕竟，国际层面的干预者不太可能对地方层面的和平呼吁做出回应。这些国际干预者也较少暴露于战争的严酷现实中，他们可以调整干预的方式以保护其武装部队。这样做的结果是，国际政治中具有重大影响的战争往往会拖延下去。即使试图通过国际人道援助减少屠杀，也可能被外部国家的战略竞争所影响。这种情况下，少数强国的利益对当地民众会产生显著的危害。

总的来说，这意味着争夺国际主导权的强国也通过维系国家和非国家武装团体之间的网络获得相应支持。避免主要军事强国之间公开发生冲突的制度安排使它们的行为相对来说不会受到惩罚。美国永远不会因2003年入侵伊拉克而面临侵略指控,俄罗斯也不太可能因其在乌克兰的军事行动受到制度层面的惩罚。更有害的是,战略竞争还鼓励强国保护其伙伴,正如俄罗斯保护叙利亚;同样,在美国的保护下,沙特阿拉伯对也门的军事干预得以免受他国的批评。因此,在当今世界,主要国家不太可能推动国际法领域的合作,它们甚至会对盟友违反国际法视而不见。那么,面临如此多的问题,我们又能做些什么呢?

5

战争的未来

　　战争是全球政治中的核心问题,那么实现世界和平的前景如何?战争问题有解决之道吗?还是我们只能寄望于减少战争的数量,降低战争对人类和地球造成的伤害?目前世界上最强大的国家——美国,正面临另一大国——中国的崛起。中国现已成为全球第二大经济体,其军事力量足以支持其对自身领土的主张与控制。大多数观点认为,这种战略竞争可能影响国际政治的各大领域,美国及其盟友将试图捍卫基于其自由原则的世界秩序,而中国则试图在国际舞台上彰显其影响力。因此,解决本书所探讨问题的任何方案都必须考虑到这一宏观的政治态势。

　　在21世纪,战争与武装冲突的未来是怎样

的？冲突预防、维和行动与和平建设都有助于防止政治冲突演变为武装冲突，并在战争结束后建立可持续的和平。这些措施尤为重要，因为当前仍然存在大量内战，它们很可能在未来继续作为主要的战争形式存在。在政治和制度层面，随着中美战略竞争的加剧，重大变革的可能性微乎其微。同时，随着地区大国和亚洲区域的崛起，我们可能正进入一个多极化的时代，某个单一国家或少数国家不再能够主宰国际体系。

这对国际秩序意味着什么？本章重点关注以多边主义为基础的和平前景，从而避免全球基础设施武器化以及可能引发的新冷战导致的全球分裂，这种局面在应对气候变化时将带来灾难性后果。在这一多边框架内，各国仍然有机会制定新的军备控制制度，抑制并稳定竞争态势，促进国际人道主义法在更大范围内得到遵守。

我们能消灭战争吗？

战争与武装冲突研究中一个关键的分歧点在于能否消灭战争。一些人认为，尽管所需条件极不可能实现，但战争最终可以被消灭；而另一些人则认为战争行为不可消除，它将始终是国际政治中需要解决的一个问题。对于第一种人来说，人类或人类社会中阻止我们共同让战争成为历史的固有因素是存在的。这一乌托邦式的愿景在不同的历史时期有不同的形式。哲学家康德认为，只要国家和国际体系按照特定方式组织起来，战争就可以被消灭。他提出，通过将人类组织成共和国的联邦，永久和平就有可能实现。[1] 20世纪初，自由主义思想家诺曼·安吉尔（Norman Angell）认为通过贸易可以实现和平。如果自由贸易的增加使不同国家的经济相互依赖，那么战争的存在就会变得不合理。第一次世界大战后，一些国际法学家认为，实现国际和平需要正式禁止战争，并将战争排除在国际关系常态之外。国际社会最终在1928年达成了《白里安—凯洛格条约》（又称《非战公约》）。[2] 持有这种观点的人认为，战争是一个政治问题，但由于国际制度力量薄弱，无法有效阻止战争的发生。因而从这一问题的本质入手，战争就可以——也应该——被消灭。主要的解决方案包括向建立世界政府迈进，加强各国政府的相互依存，使得战争代价高昂，直至不可承受，或是创建强有力的机构，促使各国遵守并集体执行其制定的规则。

那些认为战争无法被消灭的人当中,也仍有许多认为可以在很大程度上避免战争,或者至少可以通过管理和规范战争来降低其影响。历时数天或数周的小规模军事冲突与充斥着战争罪行的工业化消耗战有着明显的区别,后者可能导致全球政治长期动荡。因此,如果人类社会无法避免发动战争,也许至少可以避免最具破坏性的战争形式。同样,对战争行为加以规范的历史由来已久。历史上的大多数社会(出于各种各样的原因)对他们对手的所作所为都会进行限制。[3]当代战争的现实则体现出人类第一次尝试在全球范围内对战争进行规范。那么,问题在于:我们能做得更好吗?如果可以,应该怎样做?是通过更新国际法,还是通过更好地执行现有法律来实现这一目标?是否要将更多权力赋予联合国等国际组织?是否需要消除对国际组织行动的限制,如取消五个联合国安理会常任理事国持有的一票否决权?

综合来看,消灭或大幅减少战争的观点和疑问指向了四个关键议题。首先是国际政治的结构维系着战争。国家作为主权实体存在,国家之上缺乏至高无上的政治主权,这意味着国家始终有可能为了推进或捍卫自身利益而诉诸战争。国家之间的权力平衡只会强化这一点。与此并行的是另一个因素——公正分配，或者说国际政治中的分配严重缺乏公正性。世界各国在资源和财富方面极为不平等。有些国家拥有大量财富，其普通公民的生活水平远超过历史上最富有国家的上层社会。而另一些国家，主要是全球南方国家普遍贫困，许多人口生活在贫困线以下。就这一点而言，一个更加平等的世界可能会在一定程度上解决现有的权力失衡问题。

消除战争的第二种方式是制度化。这意味着改变国际政治的结构——也许是创建更有效的集体安全机制，又或是改变国际法的惩罚方式。例如，如果像国内罪犯因谋杀而被审判和惩罚那样，国家元首或官员也会因侵略罪被追究责任，那么他们发动战争的意愿将大大降低。然而，目前国际刑事法院在遏制侵略方面的能力却极其有限。[4]同样地，如果国际人道主义法被尊重与遵守，发动战争的难度也将大大增加。在这两种情况下，通过提高发动侵略战争或进行战争所付出的代价，最终会诉诸战争的领导人越来越少，武装冲突可能会因此逐渐走向消亡。

还有一种观点主张让战争失去合法性。有人认为，仅仅聚焦于规范战争是条死路。[5]他们指出，当前西方军事中高度规范化的战争形式实际上赋予了战争以合法性，从而使其看起来可以接受，甚至变得司空见惯。他们认为，努力使战争变得更人道实际上是在延续战争。正如塞缪尔·莫恩（Samuel Moyn）所主张的，更好的做法是重新聚焦于消除战争本身。如今需要再次走上19、20世纪知识分子与和平主义者反对战争的道路，使战争成为一种令人厌恶的选择。国内民众永远不会支持战争，政治精英也会更加努力地在诉诸武力前寻求妥协和解决冲突的方式。

最后，有人认为，战争需要武器和武器系统，那么如果消灭掉这些因素，或许就可以消灭战争。考虑到现代战争高度依赖复杂的武器系统，这一观点的效用显而易见。持这一观点的人将全球军火贸易视为首要目标，如果各国停止研发和销售新武器，虽然目前的武器破坏性已经很高，但至少可以将战争所使用的军事能力限制在当前水平。如果各国逐步消除进行战争所需的武器系统，那么战争在实操层面就基本成为不可能。减少武装部队人数或取消军队设置也可以实现同样的目标。

以上的每个观点都提供了消灭战争的一种路径。其中一些颇具乌托邦色彩，如实现全球财富重新分配或显著改变国际政治制度就比限制或消除全球军火贸易要困难得多。然而，核心问题仍然存在——人类生活在功能自治的社会中。将一个社区凝聚在一起的社会纽带通常比人类作为一个物种结合在一起的全球纽带更具力量。所以只要政治自治和社区团结存在，就总会出现一个社会对另一个社会使用武力的情况。同样地，如果某种形式的世界政府得以创建，那么围绕其控制权的冲突很快会演变为生存之争。为防止国家彼此争斗而解除国家武装，也将使各国在面对意图控制国家的犯罪集团或叛乱分子时丧失制衡能力。

国家间的竞争与合作

如果战争无法消除，那么如何减少战争的数量并降低其影响呢？战争引发的许多问题都与一大主要挑战相关，即国家之间缺乏合作。国家相互合作的情况下，它们更容易找到和平的解决方案，进而防止战争发生，限制武装冲突的强度和范围，或迅速结束冲突。如果没有这种合作，争端往往会升级为无休止的武装冲突。

当今世界正逐渐远离美国的单一霸权。冷战时期两极体系的崩溃使美国成为唯一的超级大国,但这一地位现在受到中国崛起的威胁。虽然俄罗斯仍然是美国的重要战略挑战,但其经济规模无法与美国相提并论。相对而言,欧盟的经济产出与美国相当,但并不是其安全威胁。毕竟美国目前通过对北约的军事承诺来维持欧洲的安全。有些人认为,中国的经济增长和军事能力的发展使得大国战争在21世纪几乎不可避免。另一些人则反对这种观点,认为将大国战争视作必然本身就是一大问题。20世纪90年代国际社会曾以合作方式建立了南斯拉夫问题国际刑事法庭(ICTY)和国际刑事法院。但无论如何,当今世界的局势都已与过往有了很大的不同。在不同政治体制的政权之间建立和维持这种国际合作,对于在当下避免大国冲突以及解决上一章提到的许多问题来说都至关重要。

当前中美竞争的危险之一在于,它有可能导致世界像冷战时一样再次出现分裂。在冷战期间,东西方阵营形成了持续且稳定的竞争对手,实际冲突则通过代理战争在发展中国家和不结盟国家之间上演。当今时代，西方与中国或俄罗斯之间是否足以形成对立，仍有很大争议。欧洲目前在很大程度上依赖俄罗斯的能源供应。同样，许多西方公司在经济上也对中国有显著依赖。更重要的是，虽然国际体系中的许多国家都在寻求通过自由贸易协定联合起来，但它们更愿意两面下注，而不是与一个大国结盟，对抗其他大国。问题在于，美国及其盟友是否能在不去全球化、不形成敌对政治集团、不把国际秩序的基础设施政治化或武器化到分崩离析的地步的情况下，与中国展开竞争。

当前国际体系的一个优势是国家间经济相互依赖。自1951年建立欧洲煤钢共同体的《巴黎条约》签署以来，这种经济相互依赖为西欧国家之间的和平提供了基础。该条约将法国和联邦德国的经济联系在一起，两国与其他一些欧洲国家也将煤炭和钢铁的生产集中了起来。

全球经济相互依赖并未消除国家间的战争，却使战争成本大幅增加。战争破坏贸易流通，会对全球体系造成极大影响。例如2022年俄乌冲突就导致乌克兰小麦出口中断。然而，当前体系也存在弱点。经济的相互依赖可以被某些国家武器化，这些国家往往控制着支撑全球贸易制度和基础设施的核心要素，例如美国支配着全球银行业，英国对全球保险市场影响极大，中国在世界消费品制造中扮演着关键角色。此外，这还意味着小经济体由于在特定行业中发挥着重要作用，也可能对全球经济产生超乎寻常的影响——例如，中国台湾地区在半导体产业中就是这样。制裁和经济战争可能对一个国家的经济产生毁灭性影响，但其次生效应往往会波及其他地区，遭到破坏的贸易流通会导致其他地方经济压力增大。[6]

面向未来，我们要拥抱21世纪可能出现的多极国际秩序。这反映了全球经济力量的变化。中国在全球经济份额上与美国持平，两国经济总量占全球GDP约42%。[7]然而，中国经济天文数字般的增长也逐渐放缓，不太可能像美国曾经在全球经济中那样占据主导地位。随着越来越多的中等大国财富和地位不断增长，未来可能会看到国家将组成关系网和联盟以共同实现各自的利益，而不是冷战时期那种固定的大型经济集团。与在全球贸易和商业中制造尖锐对立相比，各国在多极格局下展开协作则可以避免战争的发生。围绕特定经济和安全利益形成的小型联盟是一种实现这一目标的方式。这些联盟在理论上可能会威慑侵略性国家，同时不会威胁到世界政治结构或经济互联。

如果国家间增加合作可以减少战争和冲突，那么在多极世界中维系经济的相互依赖性则可以促进和平。但全球经济依然面临挑战，从长远来看，将经济的相互依赖作为武器或者发动经济战争可能会导致全球经济瓦解。俄乌冲突爆发后，西方世界对俄罗斯经济采取了扼杀行动。目睹这一切后，任何国家的理性反应都会是确保自己不会以同样的方式被孤立。那么如何防止国际秩序的架构被当作武器呢？这一愿望可能实现吗？将国际秩序基础结构政治化的诱惑是否太大了？最后，我们到底是需要继续迫使那些掌控国际体系基础设施的国家自我节制，还是朝着反对单一国家主导的联邦治理结构迈进？然而，这些变化将改变支撑和维护全球基础设施的基础网络。在互联网治理方面，这种转变已经在进行中，原来的全球信息网络现在已按领土边界划分，并受到各国自身的过滤和控制。

从根本上讲，这意味着全球标准无法在没有对话的情况下提高，而且不太可能统一提高。由于遵守武装冲突法会限制国家发动战争的能力，因此强大的专制国家拒绝遵守这一法律，也限制了它们的竞争对手（美国）在这方面做出改变。民主国家可以单方面提高自己的标准，但它们仍旧无法将某些选项排除在外，否则可能导致自身在未来的冲突中处于弱势。

冲突预防、维和行动与和平建设

战争无法被消灭的观点并不影响我们防止某些冲突升级为武装冲突和暴力，也并不影响国际社会或地区组织能够通过维和行动干预冲突，增加和平协议的分量，甚至使用武力将交战各方召回谈判桌。通过和平建设措施打破暴力的循环可以促进国家地区局势保持稳定，从而降低未来战争的可能性。

人们普遍认为中美竞争增加了它们之间发生武装冲突的可能性。对一些人来说，这种军事对抗几乎是国际政治中权力平衡变化的必然产物。而观点相左者则认为，通过威慑和巧妙的外交手段可以防止这种情况发生。这类大国冲突要与较小的国家间战争（如2020年的第二次纳卡战争）

加以区分。战略竞争促使大国防止在其主要关切和争议领域之外爆发小规模武装冲突。这是因为这些武装冲突会分散注意力并消耗本可用于应对它们所面临的主要挑战的资源。对美国来说,这意味着积极开展外交活动,防止中东地区爆发任何大规模的国家间武装冲突至关重要,因为这样的冲突会消耗美国在亚洲与中国竞争和威慑中国所需的部分资源。同样,虽然美国致力于支持乌克兰,但最终俄乌冲突尽快结束符合其自身的最大利益,尽管这需要从长期战略角度考虑——和平优于战争,但向俄罗斯屈服将会激励俄罗斯以后的复仇主义倾向。

内战相比国家间战争更难预测,更难预防。虽然未来不太可能防止每一场内战发生,但现在,政策制定者与过去几十年相比能够获取更多有用的信息。20世纪90年代,面对似乎凭空爆发的冲突,国际民间社会团体组建了一系列冲突监测组织,以警示国家和其他民间团体,提醒它们政治上的不稳定可能升级为武装冲突。如今,有关政治不稳定的精细数据规模惊人。武装冲突地点与事件数据项目(ACLED)持续跟踪全球246个国家和地区,为研究人员和冲突监测组织提供近乎实时的数据，从而识别可能导致冲突的趋势。[8]

受到监测的世界可能会更安全。距离遥远的战争信息曾经由大众媒体公司进行传播，而互联网的出现使得大量战争参与者可以通过社交媒体平台和网站传播战争信息。全球公众能够获取的信息流本质上具有政治作用，常常被战争参与者利用以塑造对其行动的看法。尽管互联网提供的往往是片面的信息，但它的确让信息远比以往任何时代传播得更为广泛。这能否帮助我们预防战争呢？互联网使得国家在发动攻击时集结军事力量变得更加困难，因为各国及公众能够发现并理解这一过程。尽管这无法阻止俄罗斯在2022年实施公开进攻或开展更低级别的行动，但任何国家将很难实现以隐蔽方式使用武力及吞并领土。国家参与冲突的证据能够自由流通，这也使得否认参与战争变得十分困难，增加了隐蔽干预的政治成本和后果。

信息公开在防止内战升级及外部势力渗透方面尤为重要。不幸的是，非对称战争和低强度冲突是大国竞争中的一大特征，是地区大国争夺地区影响力的有效工具。国家现在使用多种手段介入武装冲突，利用专业武装部队或私人军事力量和安保公司协助当地政府，以期施加影响并从中获益。因此，21世纪预计会有更多此类国际化武装冲突发生。如果我们无法阻止这些武装干预，那么至少开源监测可以公开这些武装干预，让其无处藏身。因此，这便提高了国家介入冲突的政治风险。不过这一点还是会受到干预国本身性质的影响。例如，俄罗斯的私人军事力量和安保公司在非洲的活动远不如西方特种部队在伊拉克和叙利亚的活动在西方公众中那么显眼。当前中美竞争中最重要的一点在于，与冷战不同，中国寻求创造一个对自身安全的世界。这一目标可以从防御的角度来解读，也可以从攻击的角度解读。但无论如何，与冷战时推动实现革命目标和意识形态传播相比，这一具有广泛影响的目标在范围上还比较有限。这意味着冷战时期许多意识形态驱动的代理战争背后的逻辑缺失，因而在中美竞争中，开展非对称战争以扰乱他国的情况会减少。然而，这并不排除大国仍会卷入意识形态或宗教驱动的地区竞争。

在预防、减缓乃至结束战争的持续斗争中，完美永远是一个难以企及的目标。战争的根源错综复杂，多元化的原因使得世界上不存在万能的解决方案来杜绝战争。同样地，尽管存在诸多可能降低战争暴力程度或缓解其影响的因素，但真正意义上的人道战争，在本质上依然无法实现。当战争的参与者仅限于两个国家时，和平协议的达成与执行或许会更加直接和顺畅；但当代战争涉及的利益方则要多得多。[9]长期内战之所以难以终结，是因为国家的分裂为各种暴力团体提供了一个有利的政治生态系统，这些团体从持续的不稳定和安全威胁中谋求利益。尽管如此，面对重重挑战，我们依然应当保持乐观与希望。例如，联合国推出的"妇女、和平与安全"议程，试图通过挑战男性在冲突预防、和平建设等领域的传统主导地位，来促使国家和国际组织在处理战争与和平问题时采取更加全面和包容的方式。

维和行动与和平建设方面的发展更具希望。联合国维和行动虽然依赖各国的准许，但它仍然可以成为稳定冲突后局势的强大工具。维和行动自20世纪90年代以来也发生了显著变化，那时联合国维和人员还在不明确规则的情况下被派遣介入到冲突中。但是，明确的目标和清晰的介入规则才能使维和人员更有效地保护自己和民众。重要的是，尽管大国之间的竞争可能排除了违背当地国家意愿的强制和平行动授权，但这并不妨碍在有当地需求的情况下就维和行动授权进行合作。

如果很难预防或规范战争，那么我们能否让战争结束呢？战争在实现政治交易或出现事实上的僵局时结束，进而可能转化为稳定、和平的关系。不同社会或国际机构如何促进和平建设？成功与失败案例带来的经验以及冲突后的真相与和解过程，增强了我们对有效与无效措施的共同理解。例如，既然认识到女性在和平建设过程中被排除在外可能对平民造成长期的危害，那么在推进和平进程时就可以设计减少冲突后的不稳定性和可能重新点燃内战的暴力循环。[10]需要再次强调，这些问题并不受中美之间总体竞争的影响。因此，尽管一些冲突可能因国际秩序中的竞争而加剧，但这并不意味着所有冲突都必然加剧，竞争甚至可能有助于促成合作以解决某些内战问题。

联盟

联盟、集体安全协议和双边安全保障可以向任何潜在的侵略者发出信号，表明对成员国的攻击可能引发集体军事反应，从而阻止战争。北约仍然存在的主要原因之一是欧洲整体上无法依靠自身力量防御俄罗斯,因此,一个稳定的跨大西洋联盟对于威慑俄罗斯未来任何可能的攻击至关重要。

联盟可以防止战争发生吗?还是会造成不安全状态并引发战争?这在很大程度上取决于特定联盟所针对国家的态度。例如,北约曾专注于来自苏联的威胁,在冷战后世界又聚焦于俄罗斯。然而,在一场北约峰会上中国被纳入《北约2022年战略概念》,这是一份概述北约战略姿态的关键文件。[11]不出所料,这一变化引起了中国的强烈反对。防御性联盟(如北约)面临的问题在于,它很难,甚至没有可能,向其潜在对手证明其意图仅仅在于防御。因为北约在试图让俄罗斯政府相信其防御性质的同时,还必须形成威慑阻止俄罗斯进攻。幸运的是,北约在相对静态的欧洲战略环境下运作。相比之下,东亚的环境则快速发展,美国的长期盟友(如日本、韩国)必须应对日益增强的中国军事力量,而南海地区的其他国家也因南海问题出现了分裂。

西方世界思考联盟在东亚的作用时,主要的挑战在于建立一套稳定且有说服力的军事联系,以遏制领土问题或因更广泛区域内的争端而产生的冲突,同时又不与中国爆发战争。在这方面,"北约模式"——具有共同战略目标和姿态的单一联盟结构(尽管北约内部有时可能相当分裂)似乎不太可行。相反,"小多边主义"——构建防御能力和共同姿态以对抗国家间侵略的小型战略协议,似乎是未来的一种选择。通过这种方式,许多人希望西方国家能够支持其在该地区的盟友以对中国形成威慑。[12]这类协议的非单一性意味着各国不必在军事开支或战略目标上达成区域性协议,因此这些小型协议更有可能成功。这种方法也顺应了多极化趋势,它并不要求各国在海洋主张等方面保持完全相同的外交态度。"小多边主义"也使得愿意并有能力的欧洲国家支持其远在世界另一端的合作伙伴。然而,其弊端是,将美国和欧洲主要国家卷入亚洲的任何冲突,都有可能对全球和平造成威胁。另一弊端是,相较于为实现欧洲本土防御而维持一定军力,欧洲国家调整其军事力量并将其投入亚太地区的成本过高。而且今后几十年,这些国家是否能够保有履行这些承诺所需的资源和政治意愿,尚不明朗。

在未来一段时间内,联合国通过安理会维护

集体安全的能力可能会受到大国间激烈战略竞争的制约。这并不意味着联合国会陷入瘫痪,但只有在五个常任理事国的核心利益不受侵害时,联合国才能拥有最大的行动空间。鉴于此,多边区域安全协议在维护和平与安全方面,在许多地区仍不失为一种可行策略。在更宽泛的战略竞争和多极国际秩序背景下,运作顺畅的多边安全合作最有可能避免未来战争的发生。

气候变化

这一节我们将聚焦21世纪各国所面临的核心挑战——气候变化。地球气候正因人类活动而发生变化,全球气温持续上升。根据当前最可靠的科学模型预测,到2050年,全球平均气温将至少上升1.5摄氏度,且仅在极其有限且不太可能的情况下,才能在世纪末将温度控制在这一增幅之下。[13]这种快速的温度变化对动植物会产生深远影响,导致众多动物种濒临灭绝,并改变小麦等主食作物的种植区域。加之海平面上升和水资源短缺等其他因素,气候变化将在未来一个世纪内迫使大量人口迁移。

简单来说，所有这些因素都增加了气候变化背景下战争的风险，气候变化本身就被看作是武装冲突的推动因素之一。许多人预计，气候变化造成的经济和社会压力将加剧现有的社会冲突，从而增加未来武装冲突的风险。[14] 有些因素相对保持稳定，不易发生变化。发动战争始终是一项高能耗且极具破坏性的活动，国家武装部队所使用的车辆和武器系统消耗大量燃料，从而产生显著的碳排放。众多武器平台，例如喷气式战斗机和坦克，似乎缺乏可行的电气化替代方案，这意味着国家将继续依赖消耗化石燃料的武器系统，因此，持续获取石油对于发动战争而言至关重要。

不过，气候变化虽然不是一件受欢迎的事，却给国际社会带来了更大的合作机遇。从长远来看，气候变化对所有国家来说都会引发国内和国际问题。致命的热浪会席卷中国，同样也会影响美国。[15] 随着气候变化及粮食生产模式的改变，全球粮食安全问题也会加剧。目前，中美都在经济增长方面开展竞争，且两国都依赖廉价能源。过去二十年间，美国用于电力生产的天然气和煤炭使用大体保持不变，中国的燃煤发电量有所增长，此期间的总体能源消耗则增长了2.5倍，反映出其经济(及能源使用)在千禧年之交时起点相对较低。[16]然而,随着气候变化成本的日益显现,多种情景可能随之浮现:在全球经济面临挑战的背景下,国内民众渴望维持或提升生活质量,这要求经济增长、增强竞争力以及增加能源使用,而这些因素又可能加剧气候变化,给所有人带来长期的灾难性后果。要实现向可再生燃料和零碳(或更低碳)经济的转型并摆脱这一困境,各国间的紧密合作至关重要,因为一国加速推进净零排放可能会削弱其在短期内相对于其他国家的经济竞争力。

因此,气候变化有提高国家间合作意愿的潜力。不同政治体制的国家将不得不合作,达成避免气候灾难的协议。那么,问题是这种需求是否会比传统安全威胁更重要。从客观上看,在气候变化问题上不开展合作的代价已经超越迄今提到的所有国家威胁和战略困境。然而在实践中,各国的优先事项并不总是理性的,有时可能呈现高度意识形态化特征。

因此,一个潜在的解决方案是积极说服政治精英和国内公众,使他们认识到气候变化所带来的共同威胁。在成功说服国内民众之前,各国政府达成稳定的气候变化应对协议的可能性不大，因为许多协议条款要求改变个体行为，可能意味着放弃某些经济活动或经济增长机会。然而，达成此类协议的必要性或许能促使许多独立的政治问题在国际事务的框架下得到解决。长远来看，随着世界减少对中东等关键地区化石燃料的依赖，国际政治格局将得到重塑。这种趋势有可能避免中美竞争中的部分最坏结果。但反之，若结果不尽如人意，则可能带来灾难性后果：两国竞争加剧乃至爆发战争，这将摧毁全球在应对气候变化上的合作机遇，使所有旨在阻止21世纪末全球变暖进一步加剧的努力付诸东流。

军备控制

双边或多边的军备控制协议是国家治理的重要工具之一。这些协议旨在减少某些类别武器系统的数量，限制其部署或彻底禁止使用这类武器。它们还可以在对立国家之间建立互信，防止军备竞赛发生，有助于预防未来的战争，并且可以通过限制使用某些关键武器系统来减少冲突带来的危害性后果。

冷战时期，西方与苏联达成了一系列军备控制协议。这些协议限制双方开发或部署某些武器，降低了发生冲突升级或灾难性核事故的可能性。军备控制协议在国际关系中发挥多重作用。首先，它们降低了不确定性——各国将协议中设定的限制理解为政治上重要的门槛条件。其次，军备控制协议对部署部队的数量或位置设定了物理限制，进而避免军事危机在早期产生潜在不良后果。最后，军备控制协议限制了战争参与者使用的攻击手段，降低了冲突的整体强度。尽管《禁止化学武器公约》和《禁止生物武器公约》并未完全消除各国拥有和使用这些武器，但它们促使各国销毁了20世纪开发的此类武器的大量库存。这种合作还延伸至《特定常规武器公约》，禁止了各国使用致盲激光等武器。此外，国际社会还签署了禁止反步兵地雷、集束炸弹和核武器等的条约，但这些条约尚未得到各国的一致同意，要想实现这一目标现在看来也不太可能。

军备控制协议中的一个难点在于确保可能使用特定类型武器系统的国家遵守协议。[17]在许多情况下，合作符合双方的战略利益——毕竟，制造大量核弹头和洲际弹道导弹非常昂贵。然而，不遵守协议的一方可能会获得战略优势。这就是为什么对国家武器库或生产能力进行核查是军备控制机制的重要组成部分。例如,《禁止生物武器公约》中就缺乏这样的措施,使其约束力弱于《禁止化学武器公约》机制。第二个问题是,国际政治的变化可能会影响条约背后的战略考量。《中程导弹条约》(INF,简称《中导条约》)阻止苏联和美国生产和拥有射程为500～5000公里的陆基弹道导弹和巡航导弹,在两国的武器库中创造了"中空地带",两国只能部署相对短程的导弹或远程洲际弹道导弹。然而,冷战结束后双方的战略考量都发生了变化。俄罗斯开始发展声称有效射程超过500公里的导弹,而美国则面临不受《中导条约》约束的中国可以发展中程导弹这一挑战。[18]中国的崛起使中程导弹对美国的重要性增加,无论俄罗斯是否遵守协议,这一情况都最终破坏了《中导条约》机制。

此外,某些武器难以被纳入此类协议范畴。近年来,某些常规武器公约开始聚焦于致命性自主武器系统,即通常所说的"杀手机器人"。[19]社会活动家和一些国家呼吁禁止在无人类监督的情况下判断和杀死目标的武器系统。然而,自主性作为这一系统的关键特征,其定义远不如以公里为单位测量的有效射程那么明确,而且不同程度的自动化和自主性在武器系统中已经存在了数十年,尤其是在防御系统中。该进程的推进似乎陷入了僵局,那些可能研发并部署此类武器的主要国家对于推动谈判及达成禁止此类武器系统的条约缺乏兴趣。

我们还难以对新兴技术施加预防性禁令,因为它们的潜在影响和可控特性有时是未知的,且很难被定义。这在网络战争中尤其明显,因为"网络武器"实际上难以被明确归类。网络攻击能力依赖于国家(或非国家团体)能够建立和维持具备技术能力的组织,以访问、干扰或颠覆其他计算机网络。虽然关键组织和国家有哪些已广为人知,但要量化它们的相对实力却十分困难,更不用说界定网络战中可能纳入军控协议的关键要素了。只有少数可定义的漏洞——例如"零日漏洞"(zero-day exploit),即针对开发人员和用户以前不知道的软件和系统漏洞进行网络攻击——也被用于情报行动,这使得国际监管变得很困难。因此,总的来说,军备控制和类似形式的国家行为可以有所帮助,但有效性仍然不足。由于潜在的技术问题以及核查和执行方面的困难,达成网络安全方面的协议比核武器控制的协议更为困难。

改变规则

无论是否可以完全消灭战争,战争行为都可以受到更严格的约束。任何消灭战争的途径都会涉及对武装冲突的严密管控。规范同样影响战争及其正当性。如果不参考战争规范所设定的社会预期,我们就无法解释面对俄乌冲突等问题时人们为什么会发自内心地感到震惊。和平活动家对这种路径表示认同,冷战后,人们强调要禁止使用集束炸弹和反步兵地雷等武器。每项禁令都进一步限制了国家发动战争的自由,那些未加入这些条约的国家深知这一点,所以它们才会公开捍卫其使用此类武器的权利。

很多方法可以改变战争及其行为方式的规则,以减轻战争带来的伤害。一种方式是消除国际和非国际武装冲突之间现有的差异,让国际人道主义法更加合乎逻辑。另一种方式是在武装冲突中更加重视人权,使其得到应有的承认和尊重。最后,军队和非国家武装团体可以改变其运作方式,将国际法进一步融入其部队训练和行动设计中。

在大国竞争和复仇主义盛行的背景下,这些潜在的解决方案能否实施?一个问题是,任何旨在修订国际人道主义法的普遍性协议都必须考虑到相互竞争的国家在遵守国际法方面存在的差异。俄罗斯在俄乌冲突中的表现——以及其最近参与的其他冲突,如2008年与格鲁吉亚的战争和20世纪90年代至21世纪初的车臣战争——表明其军队在犯下战争罪行时毫无顾忌,同时会对平民进行无差别攻击。同样,美国对战争中人权法的态度意味着,当武装冲突涉及其许多盟友时,美国很难就人权法适用问题与他国达成一致。

建立统一适用于国际和非国际武装冲突的国际人道主义法是一条可能的路径。[20]这将直接增强对战乱中平民的保护。考虑到当前的战争中几乎有一半是国际与非国际武装冲突交织在一起,实现这种统一合乎逻辑。然而,这也意味着各国要接受国际人道主义法对内部武装冲突有更多的管制,而这恰恰是它们通常所抗拒的。

另一条路径是加强各军事力量对国际法的遵守。从某种意义上说,这是一个多世纪以来国际红十字委员会一直执行的目标。尽管如此,即便不考虑非国家武装团体,我们仍然知道各国武装力量受到国际人道主义法约束的程度存在显著差异。这种方式并不是万能药,正如研究军事律师作用的人所指出的那样:这不一定能产生完美的结果。[21]但将法律考量纳入计划和行动终归是有益的。在军队间传播宣传这方面好的实践与行为方式可能会有所帮助。

虽然改进美国和北约国家所制定的高度法规化方法固然重要,但让征兵制军队接受国际人道主义法的培训可能会产生更大的影响。许多国家的武装部队依赖征兵制,而非北约国家所采用的职业化志愿者部队。陷入内战的国家经常使用征兵制部队和支持国家的武装团体,因此,找出确保这些部队遵守法律的最佳途径,将会取得立竿见影的效果,有助于减少21世纪战争带来的总体危害。

即便不太可能消灭战争,国家仍然可以为建设一个更加和平的世界而努力。虽然国际政治局面艰难,但外交工作仍然可以取得一定成效。没有万全之策并不意味着没有尝试的必要。

6 结 论

战争有什么用？这个问题并不存在单一的答案。战争是国际政治中的一种工具，但它可以用来实现多种政治目标。对一些人而言，只有在国家的核心利益受到威胁时才会考虑战争；对另一些人来说，为了夺回他们认为理应属于自己的东西，或许值得赌上一战。有时，袖手旁观将导致更大的伤害和不公，战争就会成为必要之恶。同时，我们也必须认识到，平民永远是战争中最大的受害者。因此，无论多么正当，发动任何战争都非理所当然。无论起因如何，世界各国都不得不为未来可能爆发的冲突做好准备。在某种程度上，为战争做好准备能够增强社会的凝聚力。建立强有力的机构（如军队）可以象征一个国家的团结。然而，从另一个角度来看，为战争做准备也可能带来不利影响：在没有强有力的控制体系和有效国内管理机构的情况下，军队可能会对社会造成侵害。用于开展人员训练、提供武器装备、维护军事力量的资源无法被用于社会福利或医疗系统。无论如何，我们都生活在一个充满战争的世界里。因此，谨慎起见，各国应为可能面对的战争威胁做好准备。这就带来如下问题：如何在战时与和平时期都尽量减少战争对日常生活的影响？

学术界出于各种原因都认为战争具有重要意义。有些战争揭示了新型战争形式的到来，这种形式将在之后一个时期内占据主导地位。而另一些战争则改变了大国政治走向。我们经常研究当代战争，以便洞察新兴技术对战争行为的潜在影响。这些都是研究当今和历史上战争的充分理由。在本书中，我尽量避免按战争的重要性对其进行排序，因为我认为，对于直接参与战争的人和社会而言，每一场战争都很可能是他们生命中最重要的经历之一。我希望尽量让读者感受到，当今世界上存在着各种各样的战争。然而，由于篇幅所限，我无法全面展示人类历史上全球各地战争的多样性。我之所以想尽量广泛地提及各类战争，是因为我认为我们如果过于关注那些对个人、职业或政治来说很重要的战争，就会忽略当代世界战争的重要之处。战争仍然是人类共同的灾难，无论它发生在何处，我们都应该承认它的存在，并对它所造成的巨大痛苦有所认知。

对战争的未来持悲观态度是合理的。21世纪似乎与20世纪一样容易发生暴力冲突。随着气候变化的影响逐步显现，冲突的数量可能会更多。核武器的存在意味着一些国家可以进行侵略战争，而无须担心其他国家或国际机构采取有效惩罚措施。国际法的语言毕竟只是一种对世界的认识与表达方式，它无须承认国家之间存在显著的实力差距。我们可以将其与战略和政治考量的话语作比——后者在建构中刻意淡化了规范约束在国际政治中的重要性。然而，一些人已经认识到，要在这两种极端之间捍卫和维护价值观，就要关注权力在国际政治中所扮演的角色。或者说，战略和政治虽然必然聚焦于可能实现的事情，但最终却关乎能否实现社会价值。尽管普京不太可能因对乌克兰发动军事行动而受到审判，部分因为俄罗斯拥有核武器且是联合国安理会常任理事国，但这不应阻止我们寻找切实可行的方法，使战争行为及其执行者为他们的行为负责。

注 释

1 当代世界的战争

1. Carl von Clausewitz, *On War* in Peters (ed.), *The Book of War* (Modern Library, 2000), p. 264.
2. Azar Gat, *War in Human Civilization* (Oxford University Press, 2006).
3. BBC News, 'Nagorno-Karabakh Conflict Killed 5,000 Soldiers', 3 December 2020.
4. Geoffrey York, 'Tigray War Has Seen up to Half a Million Dead from Violence and Starvation, Say Researchers' (*Globe and Mail*, 14 March 2022).
5. UNHCR UK, 'Ukraine Emergency', 7 July 2022, https://www.unhcr.org/uk/ukraine-emergency.html.

2 战争：理论与实践

1. Tanisha M. Fazal, *State Death: The Politics and Geography of Conquest, Occupation, and Annexation* (Princeton University Press, 2008).
2. Beatrice Heuser, *War: A Genealogy of Western Ideas and Practices* (Oxford University Press, 2022) pp. 85–9.
3. Yoram Dinstein, *War, Aggression and Self-Defence* (Cambridge University Press, sixth edition, 2017), p. 12.
4. Mary Kaldor, *New and Old Wars: Organized Violence in a Global Era* (Polity, 2012); Martin van Creveld, *The Transformation of War* (Free Press, 1991).
5. James G. March and Johan P. Olsen. 'Elaborating the "New Institutionalism"', in Goodin (ed.), *The Oxford Handbook of Political Science* (Oxford University Press, 2011), p. 159.
6. Emile Simpson, *War from the Ground Up: Twenty-First-Century Combat as Politics* (Hurst & Co., 2012).
7. Wayne E. Lee, *Waging War: Conflict, Culture, and Innovation in World History* (Oxford University Press, USA, 2016), pp. 4–7.

8   John A. Lynn, *Battle: A History of Combat and Culture from Ancient Greece to Modern America* (Basic Books, 2004).
9   联合国还有2个观察员团,分别是梵蒂冈和巴勒斯坦。观察员国应为拥有主权的政治实体,由于不具备正式成员身份而不享有投票权。
10 Shawn Davies, Thérèse Pettersson and Magnus Öberg, 'Organized Violence 1989–2021 and Drone Warfare', *Journal of Peace Research* 59(4) (July 2022), pp. 593–610.
11 Dapo Akande, 'Classification of Armed Conflicts: Relevant Legal Concepts', in Wilmshurst (ed.), *International Law and the Classification of Conflicts* (Oxford University Press, 2012).
12 Austin Carson, *Secret Wars: Covert Conflict in International Politics* (Princeton University Press, 2018).
13 Michael Poznansky, *In the Shadow of International Law: Secrecy and Regime Change in the Postwar World* (Oxford University Press, 2020).
14 J.C. Wylie, *Military Strategy: A General Theory of Power Control* (Naval Institute Press, 2014), pp. 66–72.
15 Lawrence Freedman, *Strategy: A History* (Oxford University Press, 2015), p. 9.
16 Christopher Blattman, *Why We Fight: The Roots of War and the Paths to Peace* (Viking, 2022).
17 Robert Jervis, *Perception and Misperception in International Politics* (Princeton University Press, 1976).
18 Siniša Malešević, *The Sociology of War and Violence* (Cambridge University Press, 2010), Ch. 6.
19 Carl von Clausewitz, *On War* in Peters (ed.), *The Book of War* (Modern Library, 2000), p. 282.
20 Nicholas Mulder, *The Economic Weapon: The Rise of Sanctions as a Tool of Modern War* (Yale University Press, 2022).
21 Antulio J. Echevarria II, *Military Strategy: A Very Short Introduction* (Oxford University Press, 2017).
22 Christopher Tuck, 'Modern Land Warfare', in Jordan, Kiras, Lonsdale, Speller, Tuck and Walton (eds.), *Understanding Modern Warfare* (Cambridge University Press, 2016).
23 Stephen Biddle, *Nonstate Warfare: The Military Methods of Guerillas, Warlords, and Militias* (Princeton University Press, 2021).
24 William Wei, '"Political Power Grows Out of the Barrel of a Gun": Mao and the Red Army', in Graff and Higham (eds.), *A Military History of China* (University Press of Kentucky, 2012).

25. 数据可通过SIPRI获取,见 https://www.sipri.org/databases/milex。
26. David Armitage, *Civil Wars: A History in Ideas* (Yale University Press, 2017).
27. Vladimir Rauta, 'Framers, Founders, and Reformers: Three Generations of Proxy War Research', *Contemporary Security Policy* 42(1) (January 2021), pp. 113–34.
28. Rubrick Biegon and Tom Watts, 'Security Cooperation as Remote Warfare: The US in the Horn of Africa', in McKay, Watson and Karlshøj-Pedersen (eds.), *Remote Warfare: Interdisciplinary Perspectives* (E-International Relations Publishing, 2021).
29. Christine Cheng, *Extralegal Groups in Post-Conflict Liberia: How Trade Makes the State* (Oxford University Press, 2018), pp. 253–4.
30. Ivan Arreguín-Toft, 'How the Weak Win Wars: A Theory of Asymmetric Conflict', *International Security* 26(1) (2001), pp. 93–128.
31. Stathis N. Kalyvas, *The Logic of Violence in Civil War* (Cambridge University Press, 2006), Ch. 7.
32. Ana Arjona, Nelson Kasfir and Zachariah Mampilly, *Rebel Governance in Civil War* (Cambridge University Press, 2015).
33. World Food Programme, 'Severe Hunger Tightens Grip on Northern Ethiopia', January 2022.

3 变化中的战争环境与特征

1. Larry H. Addington, *The Patterns of War since the Eighteenth Century* (Indiana University Press, second edition, 1994).
2. Hew Strachan, *The Direction of War: Contemporary Strategy in Historical Perspective* (Cambridge University Press, 2013).
3. Henry Farrell and Abraham L. Newman, 'Weaponized Interdependence: How Global Economic Networks Shape State Coercion', *International Security* 44(1) (2019), pp. 42–79.
4. Stephen Peter Rosen, *Winning the Next War: Innovation and the Modern Military* (Cornell University Press, 1994).
5. Kenneth Pomeranz, *The Great Divergence: China, Europe, and the Making of the Modern World Economy* (Princeton University Press, 2000).
6. James C. Scott, *Against the Grain: A Deep History of the Earliest States* (Yale University Press, 2018).
7. Vaclav Smil, *Energy and Civilization: A History* (MIT Press, 2017).
8. https://ourworldindata.org/child-mortality

9. United Nations Department of Economic and Social Affairs/ Population Division, 'World Urbanization Prospects: The 2018 Revision' (United Nations, 2019), p. 9.
10. Hendrik Spruyt, *The Sovereign State and Its Competitors: An Analysis of Systems Change* (Princeton University Press, 1996).
11. Jürgen Osterhammel, *The Transformation of the World: A Global History of the Nineteenth Century* (Princeton University Press, 2015), Ch. 7.
12. Tim Harper, *Underground Asia: Global Revolutionaries and the Assault on Empire* (Allen Lane, 2020).
13. Lauren Benton and Lisa Ford, *Rage for Order: The British Empire and the Origins of International Law, 1800–1850* (Harvard University Press, 2016).
14. Kyle M. Lascurettes, *Orders of Exclusion: Great Powers and the Strategic Sources of Foundational Rules in International Relations* (Oxford University Press, 2020).
15. Boyd van Dijk, *Preparing for War: The Making of the 1949 Geneva Conventions* (Oxford University Press, 2022).
16. Arnulf Becker Lorca, *Mestizo International Law: A Global Intellectual History 1842–1933* (Cambridge University Press, 2015).
17. Rory Cox, 'The Ethics of War up to Thomas Aquinas', in Frowe and Lazar (eds.), *The Oxford Handbook of Ethics of War* (Oxford University Press, 2015).
18. Orde F. Kittrie, *Lawfare: Law as a Weapon of War* (Oxford University Press, 2016).
19. David Luban, 'Carl Schmitt and the Critique of Lawfare Beyond Traditional Concepts of Lawfare', *Case Western Reserve Journal of International Law* 43(1) (2010), pp. 457–72.
20. Daragh Murray, 'How International Humanitarian Law Treaties Bind Non-State Armed Groups', *Journal of Conflict & Security Law* 20(1) (2015), pp. 101–31.
21. Bleddyn E. Bowen, *War in Space: Strategy, Spacepower, Geopolitics* (Edinburgh University Press, 2020).
22. Andrew F. Krepinevich Jr, *The Military-Technical Revolution: A Preliminary Assessment* (Center for Strategic and Budgetary Assessments, 2002).
23. Keith L. Shimko, *The Iraq Wars and America's Military Revolution* (Cambridge University Press, 2010).

24. Michael C. Horowitz, *The Diffusion of Military Power: Causes and Consequences for International Politics* (Princeton University Press, 2010).
25. Jan Ångström and Sofia Ledberg, '"Civil and Military" as a Constitutive Categorization of the Study of War and Politics', in *The Oxford Research Encyclopedia of Politics* (Oxford University Press, 2021).
26. Jon R. Lindsay, *Information Technology and Military Power* (Cornell University Press, 2020).
27. Ellen Nakashima, 'Hacks of OPM Databases Compromised 22.1 Million People, Federal Authorities Say', *Washington Post*, 9 July 2015.
28. Matthew Ford and Andrew Hoskins, *Radical War: Data, Attention and Control in the Twenty-First Century* (Hurst & Co., 2022).
29. Drew Harwell, 'Instead of consumer software, Ukraine's tech workers build apps of war', *Washington Post*, 14 March 2022.
30. Jakob Hauter, 'Forensic Conflict Studies: Making Sense of War in the Social Media Age', *Media, War & Conflict* (August 2021).
31. World Bank Indicator: Individuals Using the Internet (percentage of population). https://data.worldbank.org/indicator/IT.NET.USER.ZS
32. Tiberiu Dragu and Yonatan Lupu, 'Digital Authoritarianism and the Future of Human Rights', *International Organization* 75(4) (2021), pp. 991–1017.
33. Scott, *Against the Grain*.
34. Bruce Hoffman, 'British Air Power in Peripheral Conflict, 1919–1976' (RAND Corporation, 1989).
35. Audrey Kurth Cronin, *Power to the People: How Open Technological Innovation Is Arming Tomorrow's Terrorists* (Oxford University Press, 2020).
36. Sidharth Kaushal, 'Lessons from the Houthi Missile Attacks on the UAE', *RUSI Commentary*, 2022.
37. Emil Archambault and Yannick Veilleux-Lepage, 'Drone Imagery in Islamic State Propaganda: Flying Like a State', *International Affairs* 96(4) (2020), pp. 955–73.
38. Thomas Eydoux, 'How Rebel Fighters Are Using 3D-Printed Arms to Fight the Myanmar Junta', *France 24*, 7 January 2022.
39. John P. Sullivan and Robert J. Bunker, 'Mexican Cartel Strategic Note No. 18: Narcodrones on the Border and Beyond', *Small Wars Journal*, 2016.
40. Daniel Moore, *Offensive Cyber Operations: Understanding Intangible Warfare* (Hurst & Co., 2022).

4　战争中的问题

1. Nicholas P. Jewell, Michael Spagat and Britta L. Jewel, 'Accounting for Civilian Casualties: From the Past to the Future', *Social Science History* 42 (2018), pp. 379–410.
2. David Keen, *Complex Emergencies* (Polity, 2008).
3. Laura Sjoberg, *Gendering Global Conflict: Toward a Feminist Theory of War* (Columbia University Press, 2013), Ch. 9.
4. Jennifer M. Welsh, 'The Individualisation of War: Defining a Research Programme', *Annals of the Fondazione Luigi Einaudi* LIII (June 2019), pp. 9–28.
5. 虽然对刚果（金）原副总统让·皮埃尔·本巴案的判决在其上诉后被推翻，但该案仍具里程碑意义。
6. Elisabeth Jean Wood, 'Conflict-Related Sexual Violence and the Policy Implications of Recent Research', *International Review of the Red Cross* 96(894) (June 2014), pp. 457–78.
7. Eliav Lieblich, 'The Law of Warfare: 1989–2022', in Benvenisti and Kritsiotis (eds.), *The Cambridge History of International Law (Vol. XII): International Law Since the End of the Cold War* (Cambridge University Press, forthcoming, n.d.).
8. Gary D. Solis, *The Law of Armed Conflict: International Humanitarian Law in War* (Cambridge University Press, third edition, 2021). pp. 19–21.
9. The Independent International Commission on Kosovo, *The Kosovo Report: Conflict, International Response, Lessons Learned* (Oxford University Press, 2000), p. 4.
10. UN General Assembly, 2005 World Summit Outcome Document (a/RES/60/1).
11. Andrew Osborn and Polina Nikolskaya, 'Russia's Putin Authorises "Special Military Operation" Against Ukraine', *Reuters*, 23 February 2022.
12. Sam Selvadurai, *Law, War and the Penumbra of Uncertainty: Legal Cultures, Extra-Legal Reasoning and the Use of Force* (Cambridge University Press, 2022).
13. Frank G. Hoffman, 'Hybrid Warfare and Challenges', in Mahnken and Maiolo (eds.), *Strategic Studies: A Reader* (Routledge, second edition, 2014).
14. Mark Galeotti, *The Weaponisation of Everything: A Field Guide to the New Way of War* (Yale University Press, 2022).
15. Theo Farrell, Sten Rynning and Terry Terriff, *Transforming Military Power Since the Cold War: Britain, France, and the United States, 1991–2012* (Cambridge University Press, 2013).

16. Neil C. Renic, *Asymmetric Killing: Risk Avoidance, Just War, and the Warrior Ethos* (Oxford University Press, 2020).
17. Human Rights Watch, 'Explosive Weapons Devastating for Civilians', HRW.org, 2020.
18. Wolff Heintschel von Heinegg, Introduction to Heinegg and Schmitt (eds.), *The Implementation and Enforcement of International Humanitarian Law* (Routledge, 2012).
19. Chris Woods, *Limited Accountability: A Transparency Audit of the Coalition Air War against So-Called Islamic State* (Airwars, 2016).
20. Helen Quane, 'Silence in International Law', *British Yearbook of International Law* 84(1) (2014), pp. 240–70.
21. Rodrigo Campos, 'Russia Vetoes Extension of Mission Probing Chemical Weapons Use in Syria', *Reuters*, 24 October 2017.
22. Lucrecia García Iommi, 'Whose Justice? The ICC "Africa Problem"', *International Relations* 34(1) (March 2020), pp. 105–29.
23. Joanne Smith Finley, 'Why Scholars and Activists Increasingly Fear a Uyghur Genocide in Xinjiang', *Journal of Genocide Research* 23(3) (July 2021), pp. 348–70.
24. Dominic Tierney, 'The Future of Sino-U.S. Proxy War', *Texas National Security Review* 4(2) (2021), pp. 49–73.

5 战争的未来

1. Immanuel Kant, *Perpetual Peace: A Philosophical Essay* (Cosimo, Inc., 2010).
2. Oona Hathaway and Scott Shapiro, *The Internationalists: And Their Plan to Outlaw War* (Penguin UK, 2017).
3. Alexander Gillespie, *A History of the Laws of War: Volume 1: The Customs and Laws of War with Regards to Combatants and Captives* (Hart Publishing, 2011).
4. Kevin Jon Heller, 'Who Is Afraid of the Crime of Aggression?' *Journal of International Criminal Justice* 18(1) (2020).
5. Samuel Moyn, *Humane: How the United States Abandoned Peace and Reinvented War* (Verso Books, 2022).
6. Creon Butler, 'The Russia Sanctions Will Transform the Global Economy', *The World Today*, 2022.
7. World Bank Data: https://data.worldbank.org/indicator/NY.GDP.MKTP.CD?locations=CN-US-1W.
8. https://acleddata.com/.

9   David E. Cunningham, *Barriers to Peace in Civil War* (Cambridge University Press, 2011).
10 Claire Duncanson, *Gender and Peacebuilding* (John Wiley & Sons, 2016).
11 NATO, *NATO 2022 Strategic Concept*, 2022, https://www.nato.int/nato_static_fl2014/assets/pdf/2022/6/pdf/290622-strategic-concept.pdf.
12 Bhubhindar Singh and Sarah Teo, *Minilateralism in the Indo-Pacific: The Quadrilateral Security Dialogue, Lancang-Mekong Cooperation Mechanism, and ASEAN* (Routledge, 2020).
13 Alison Ming, Isobel Rowell, Sam Lewin, Robert Rouse, Thomas Aubry and Emma Boland, 'Key Messages from the IPCC Ar6 Climate Science Report', Cambridge Centre for Climate Science, October 2021.
14 Katharine J. Mach, Caroline M. Kraan, W. Neil Adger, Halvard Buhaug, Marshall Burke, James D. Fearon, et al., 'Climate as a Risk Factor for Armed Conflict', *Nature* 571(7764) (July 2019), pp. 193–7.
15 David Wallace-Wells, *The Uninhabitable Earth: Life After Warming* (Crown, 2020), pp. 43–53.
16 Laëtitia Guilhot, 'An Analysis of China's Energy Policy from 1981 to 2020: Transitioning Towards to a Diversified and Low-Carbon Energy System', *Energy Policy* 162 (March 2022), 112806.
17 Andrew J. Coe and Jane Vaynman, 'Why Arms Control Is So Rare', *American Political Science Review* 114(2) (May 2020), pp. 342–55.
18 Shahryar Pasandideh, 'The End of the "INF Treaty" and the US-China Military Balance', *The Nonproliferation Review* 26(3–4) (May 2019), pp. 267–87.
19 Frank Sauer, 'Stopping "Killer Robots": Why Now Is the Time to Ban Autonomous Weapon Systems', *Arms Control Today* 46(8) (2016).
20 Lindsay Moir, 'Towards the Unification of International Humanitarian Law?' in Morris, White and Burchill (eds.), *International Conflict and Security Law: Essays in Memory of Hilaire McCoubrey* (Cambridge University Press, 2005), pp. 108–28.
21 Craig Jones, *The War Lawyers: The United States, Israel, and Juridical Warfare* (Oxford University Press, 2020).

拓展阅读

我没有选择那些知名著作,而是选取了最新作品。这样做的目的是让读者更广泛地理解战争,以及与当代战争和战争行为相关的主题。

战争主题

Linda Colley, *The Gun, the Ship and the Pen: Warfare, Constitutions and the Making of the Modern World* (Profile Books, 2021)

Lawrence Freedman, *Command: The Politics of Military Operations from Korea to Ukraine* (Allen Lane, 2022)

Beatrice Heuser, *War: A Genealogy of Western Ideas and Practices* (Oxford University Press, 2022)

Margaret Macmillan, *War: How Conflict Shaped Us* (Profile Books, 2021)

Cathal J. Nolan, *The Allure of Battle: A History of How Wars Have Been Won and Lost* (Oxford University Press, 2019, 2022)

Jennifer E. Sims, *Decision Advantage: Intelligence in International Politics from the Spanish Armada to Cyberwar* (Oxford University Press, 2022)

当代战争主题

Matthew Ford and Andrew Hoskins, *Radical War: Data, Attention and Control in the Twenty-First Century* (Hurst & Co., 2022)

Mark Galeotti, *The Weaponisation of Everything: A Field Guide to the New Way of War* (Yale University Press, 2022)

Daniel Moore, *Offensive Cyber Operations: Understanding Intangible Warfare* (Hurst & Co., 2022)

Hugo Slim, *Solferino 21: Warfare, Civilians and Humanitarians in the Twenty-First Century* (Hurst & Co., 2022)

致　谢

本书的最终出版与我周边的环境息息相关。您将阅读的内容是多年来我与同事不断研究、反思、讨论的产物，也是十多年来我教授战争和武装冲突课程的心得总结。因此，我要特别感谢伦敦国王学院战争研究系的同事，以及所有我教过的学生，是他们使我对战争问题保持了持久的研究兴趣。

我的许多同事和朋友都阅读了书稿，他们的意见对本书大有裨益。在此，我要特别感谢马克·康多斯（Mark Condos）、安娜·普伦基特（Anna Plunkett）、马丁·梅利亚（Martin Melia）和马修·福特（Matthew Ford）。此外，感谢约翰·R.埃默里（John R. Emery）和尼尔·雷尼克（Neil Renic）在本书的写作过程中也给予了我莫大的鼓励。我还要感谢布里斯托大学出版社的乔治·米勒（George Miller），在他的推动下，这个项目才得以完成。他还对全书进行了细致的审校，让书稿更加完善。当然，本书的错漏之处完全是我个人的责任。

感谢我妻子希瑟·斯温（Heather Swain），没有她对我的爱和支持，我不可能完成本书，在我整夜连续敲击键盘时，她把家里的一切打理得井井有条。每天早上，大儿子格雷森（Grayson）都能把我逗乐，使我精神焕发。这本书写到一半时，我的小儿子卢西恩（Lucian）降临世上。他的出生稍微拖慢了本书的写作进度，但让我的生活更加丰富多彩。